JN000532

画面分析による映画芸術論

富山　悠一

画面分析による映画芸術論

目次

IV

I

映画批評序説

1

芸術作品の鑑賞とは、個人の情念に働きかける極めてプライベートで内的な楽しみであって、作品の価値を保証するものは、作品に接した時の、各人の痛切な経験をおいて他にない。作品の客観的価値というものが、ころがっているわけではないのである。したがって、批評とは、その各人各様の孤独な楽しみの中から聞こえてくる作品の真実味を究明する、ということしかあるまい。それが、結局のところ、個人的な感動を明確にし、他人をも説得しうる論理を創り出す、ということになるのである。だが、批評にとって肝心な筈の文章について、非常に誤解されている。

論文においては、個々の文が、著者の考え（対象に対する批評意識）を述べるための一定の論理的構成にしたがって展開されなければならぬ。例えば、ある作品を評して、神道の影響が見られると言っただけでは、単純な観念を表しているにすぎない。そこから、読者を納得させるだけの緻密な論理を創り出したものでなければ、本来、結論とは呼びがたいのである。だが、ちょっとした思い付きを述べただけで、この論証の過程を欠いた文章が世に溢（あふ）れている。論証が卓抜であって、初めて卓抜な意見になりうるのである。自分と同様の考えであるか、自分の好きな作品を高く評価しているかどうかなど、本当は、どうでもよいことかもしれぬ。感動というものが、その人固有のかけがえのないものである以上、そこから導き出される意見も、各々違ったものになるのが、むしろ当然だからである。

しかし、どのような説を述べるにせよ、あくまで、その作品を深く味わったことが前提となる。そして、映画を深く味わうということが、現在の映画批評において、ほとんど忘れられているように思われる。

映画について書かれた本は、夥(おびただ)しい数にのぼるであろう。だが、その多くは、映画の題材・筋・セリフなどから、作品の主題を捜し、監督の思想や個性を抽出し、さらに、作品の背景や社会問題を解説し、登場人物の人間像を論じ、私的な感想を述べる、といった程度のものである。このうち、社会問題や登場人物は、作品の構成要素であり、具体的な社会現象として、また、一人の独立した人間として、捉えることは出来ない。つまり、作品の中で、どのように描かれているかということを離れたら、社会問題も人物の性格も、映画とは何のかかわりもないのである。しかし、何れにせよ、これらの、映画に関する著作は、結局、映像ではなくシナリオの次元にしか言及されていない点で共通している。

一方、映画の中で接する物語や人物は、映像を通じて現れてくるものであり、画面構成が変われば、シナリオが同一であっても、物語の微妙なニュアンスも、登場人物も、作品に投影される作者の精神までも、自ずから変化してくるであろう。例えば、「話はつまらないが映像はきれいだ。」とか、「画面で見せる映画ではないがドラマは見ごたえがある。」といった感想を耳にすることがあるが、それが、言葉の矛盾にすぎないことは、明らかである。映画におけるドラマが、画面の積み重ねによってもたらされるものである以上、「画面でみせる映画」でなければ、どんなにシナリオがすぐれていても「見ごたえのあるドラマ」とはなり得ない。また、「話はつまらない」と受け取られたなら、その美しい映像は、作品にとって無用の長物と言う他はない。逆に、一見たわいのない単純なストーリーであっても、それが画面の構成に支えられていれば、「話はつまらない」とは言えぬ作品になりうるのであり、「ドラマは見ごたえがある」と感じられたとしたら、いわゆる美しい画面はなくとも、それが「画面で見せる映画」であることを示している。映画の中で、ドラマの世界と映像とが別個に存在しているわけではないのである。

したがって、映像の次元でなければ、真に映画を語ったことにはならないのだ。無論、一瞬のうちに過ぎ去ってしまう画面（ショット）

とそれらの構成を分析し、そこから作品論を展開するとは、極めて困難な作業である。が、映像によって映画を論ずる上で、さらにやっかいな問題がある。

小林秀雄が名著「モオツァルト」の中で、「美と呼ぼうが、要するに優れた芸術作品が表現する一種言いがたいあるものは、その作品固有の様式と離すことができない。」と書いているように、すぐれた映画は、映像によって「一種言いがたいあるもの」を表現している。個々の画面の構成によって、ドラマの世界が形作られていく要所要所で、作者の精神の姿としか呼べないものが、にじみ出てくるのである。取りも直さず、そのことが、作品に思想的陰影を与える結果となる。一般に、映画における思想について、極めて安易に考える傾向がある。観念的なテーマや人物の内面の世界を追求した映画が、思想的な作品だと言うわけではない。映画では、観念にしても人物の内面にしても、直接描くことは出来ない。具象的な画面から、間接的に暗示することが出来るだけである。したがって、我々がそれらを把握するには限界があるとすれば、画面構成の中から作者の情念が吹き上げてこないような作品は、真に思想的な映画とはなり得ないであろう。しかし、精神の姿と呼ぼうが、情念と呼ぼうが、それは「一種言いがたいあるもの」であって、その中味を言葉で説明することは出来ない。

一億総批評家と言われるわが国で、映画を観れば作者は何を言いたいのか詮索するのが、批評家・映画ファン・一般観客にまで共通した現代の風潮である。これは、言語作品を読めば（詩や短歌でさえ）すぐに主題を捜したがる学校教育の悪い影響であるように思う。作品とは、本来、作者が、何か（あれこれの思想）を語るつもりがないから、また、言葉では説明出来ないことを表現する為に、わざわざ創るものではないのか。映画を言葉で説明する為には、画面構成など邪魔になるだけである。そして、映像という表現形式と「一種言いがたいあるもの」から切り離されてしまった時、作品の主題とは空疎な観念にすぎず、個人の内的な感動とは、既にかけ離れたものになってしまうのだ。

　それでは、「一種言いがたいあるもの」を批評の中にどのようにして生かすか。この難問に出会わぬいかなる映画批評においても、我々は、書き手が映画を深く味わった証しを、見出すことは出来ないであろう。

2

有名小説の映画化の場合、批評家は、必ずといっていい程、原作について言及する。即ち、原作に忠実な映画であるかどうかを、判定しようという訳(わけ)である。が、そもそも、原作に忠実な映画とは何か。そのようなものが、本当に存在するのだろうか。このことは、徹底して考えてみる必要がある。芸術として異なったジャンルと領域に属する、小説と映画の思想・精神とは、全体の筋が同じであっても、全くの別物であるからだ。つまり、抽象的な言語と具象的な映像とは、別個の材料・表現形式であり、小説と映画で、同様の物語や題材を描いているからといって、作品自体を比較することは、本来、不可能な筈である。

国文学者伊藤康圓氏は、小説の特質について、「読者がこうした文章による表示内容から、めいめい勝手に、視覚的な事物や情景、たとえば作中人物の容姿などを想い描いたとしても、それはそれぞれの読者の好みの映像を想起しているだけで、その表示内容の形態自体に属するものではない。」と述べ、さらに、「こうした映像を現実に作品の領域のものとして実現したものは映画などの類である。[1]」と付け加えている。小説が、現実に接するようなイリュージョンを与えることを目指している以上、読者の方でも具体的な情景を想い浮かべることは必要だが、そこで想い浮かべた情景は読者の創作なのである。つまり、映画の視覚的な画面と対比できるのは、小説から創り上げた「それぞれの読者の好みの映像」にすぎず、それは、もはや小説の領域のものではない。そもそも、何故（なぜ）、有名小説の映画化が飽きもせずに行われるかというと、小説では描かれていない「視覚的な事物や情景、たとえば作中人物の容姿など」を現実に見てみたいという大多数の読者を、観客に動員しようとする、商業政策がある為であろう。

一般に考えられている、原作に忠実な映画化とは、小説のストーリーやセリフなどを、シナリオの中で借用している、という程度のものである。だが、どんな文学作品でも、小説に基づいてシナリオを書けば、文学の部分は消えてなくなる。小説の会話、人物や情況の設定、筋の展開などが、文章の構成から切り離されてしまえば、それらは、ほとんど無価値なものとなるからである。伊藤康圓氏は、芸術の領域に属する小説に必要なものとして、「作者の孤独に根差した人生への深い洞察力と、作者の内面の浸透した文体」(2)をあげているが、「作者の内面の浸透した文体」までシナリオに移しかえることは出来ない。したがって、小説を脚色する場合、原作のストーリーやセリフにとらわれることなく、映画を構成する必要に応じて、シナリオを創らなければならない。もし、そこから、真にすぐれた映画が出来たとしたら、取りも直さず、画面の構成に「作者の孤独に根差した人生への深い洞察力」が感じられる、ということなのであって、この点では、原作とは何の関係もないのである。

森田芳光監督の映画「それから」は、社会や人生の虚偽や矛盾に対する主人公の疑念が、濃密な画面自体の中に感得される傑作であった。しかし、夏目漱石の原作の、会話や筋を生かそうとしたシナリオが、この作品の最大の欠点となっていることも、また、否定出来ない。特に、主人公が恋人に想いを打ち明けるクライマックスでは、小説の地の文から切り離された会話がえんえんと続き、まるで、テレビドラマの通俗的なセリフのように、なってしまったのである。

原作の小説と較（くら）べることが出来るのは、映画の中のシナリオの部分だけである。両者の比較における有用なアプローチは、すぐれた映画を創るために、原作を脚色する際、シナリオの上でどのような変更をする必要があったかを、解明することであろう。

原作との比較同様、批評家は概して映画作家論が好きである。パンフレット等の小論文まで含めると、数多くの作家論が書かれているし、作品論の体裁（ていさい）は取っていても、同じ監督の映画を引き合いに出して、作者の個性を云々（うんぬん）するという、実際は作家論に準ずるものも少なくない。映画作家論の多くは、いくつかの映画の題材・筋、そして主題などから、作者の思想的傾向を導き出し、それを、監督の実生活上の言行や作品に対するコメントと関連づけたもの、と言ってよかろう。だが、作品には表現されていないものまで、作者の実人生によって補うということになりがちである。これでは、本末転倒も甚だしい。

しかも、映画には、シナリオ・撮影・演技・音楽・編集その他の多数のスタッフによって創られるという側面がある。複数の映画を同一作者の作品として扱おうとすると、そこに、脚本家やカメラマンといったスタッフの個性の相違が入りこんできて邪魔をする。例えば、同じ監督でも脚本家の異なる映画を、筋や題材といったシナリオの次元で比較し、監督の思想の推移を引き出してみたところで、それが全く無意味であることは明らかであろう。佐藤忠男氏の「溝口健二の世界」[3]（氏の数多い映画作家論の中でも傑出したものと思われる。）の中で、次のような一節に出会った。

「『お遊さま』の撮影は宮川一夫、『武蔵野夫人』の撮影は玉井正夫であって、カメラマンの個性は明らかに違うのだが、そこには人物たちの心の動揺といっしょにカメラが動いたり止まったり、パン・アップ、パン・ダウンしたりするという点で、まったく共通する方法を見出すことができる。これが溝口の方法なのである。」

映画が多数のスタッフの技術と個性によって、成り立つことを認識し、言及していることが、果たして監督個人の個性や思想と呼べるものであるかどうかに常に意識を払う。こうした配慮が、映画作家論には、どうしても不可欠なのであるが、それは、比較する作品が多くなればなる程、困難になる。

さらに、映画は制作に莫大な費用を要するから、採算をとる必要が不可避的に生ずる。映画会社側が興行目的を主眼に企画を立て、そこに演出家としての監督を起用するというのは、通常行われてきたことであろうし、監督自身がプロデューサーを兼ねている場合でも、人々の興味や反応を念頭において、作品が創られることが多いであろう。こうした、多かれ少なかれ外的要因によって創られた娯楽的な映画と、(極めて稀であるが)監督個人の内面的要求によって創られた、理念型としての芸術の領域に属する映画とを、同一の作者の作品として論ずるのには明らかに無理がある。もちろん、娯楽映画でもすぐれた作品はあるし、芸術映画を目指したものでも失敗作は多いであろう。が、小説のように、ある作家の全作品(傑作・駄作を問わず)から一人の統一ある作家像を得ることとは、映画では難しいのである。

多数のスタッフの技術と個性が、映画を構成する要素として、映像の次元に統合されているように見える作品であれば、映画作家としての監督を論ずることは、可能であろう。だが、その場合も、単独の作品を対象に映画作家論を展開するのが、最も合理的で矛盾のない方法なのである。

3

映画は、写真・演劇・文学・音楽といった多数のジャンルから成り立つ総合芸術である、と一般に考えられている。が、総合芸術とは既に言葉の矛盾である。つまり、多くの映画は、それらのジャンルの寄せ集めにすぎず、そこには、映画に固有の構造と形式がないのである。映画における構造と形式とは、映像（画面）の構成に他ならない。したがって、作品全体のドラマの世界を創り上げていく為の積極的な映像の構成（ショットをつなぐ際の、また時には一ショットの内部での）がみられれば、各ジャンルが映像という別個のジャンルに統合されたことを意味するのである。そして、その作品は、初めて監督個人の創作と言えるものとなる。映像の構成が形態として知覚されるということは、娯楽作品の場合も含めて、魅力ある映画となる為には、理念的にも実際上も不可欠なのである。さらに、その画面の構成によって描かれた人間や社会が、作者の鋭い批評精神によって貫（つらぬ）かれ、また、映像の形態自体に作者の精神がにじみ出ているように感じられたなら、芸術の領域に属する映画であると言えよう。それは、映像という、芸術としてのジャンルを確立し、観る者の精神の深部までを満たしてくれる作品であるからだ。

しかし、多くの映画評論では、全ての映画が芸術として扱われている。平等が至上の価値であるような現代においては、芸術と娯楽を差別しない方が恰好いいのである。が、あらゆる映画を芸術の中に入れてしまったら、作者の内的創作行為であるような作品を、そうでないものと区別したい時に困るし、芸術という言葉自体が無意味なものとなるであろう。

そもそも、映画は、物理的には多数のスタッフとジャンルによって成り立ち、厳密な意味での芸術には入れにくいこともまた事実である。しかも、制作費の採算をとる必要から、娯楽としての性格が強くならざるを得ない。つまり、大半の映画は娯楽作品であるし、芸術的価値を有する映画も例外的にあるが、それらも、多かれ少なかれ娯楽的要素を伴うのである。もっと正確に言えば、これまで芸術映画と考えられてきた作品は、基本的には娯楽作品でありながら芸術性もあわせ持つ、といった類のものが多いであろう。それでは、厳密な意味で芸術と呼べるような作品があるかと言えば、その数は非常に少ないであろう。例えば、一九五七年制作の「野いちご」（イングマール・ベルイマン監督）あたりが、その最初の作品であると言えるのではなかろうか。だが、こうしたことは、映画の欠点であると同時に、現代では逆に大きな強みともなっている。それは何故か。多くの芸術ジャンルは、様々な時代様式をへて、二十世紀の中頃以来、ジャンルとしては既にその生命を終えつつある。最も純粋な芸術である音楽を例に取れば、バロック時代において調性音楽が定着し、それ以後、調性の対立を追求するようになれば、無調音楽まで行きつくのは必然である。そして、近代における個性や独創性の重視が、新しい技法や様式の追求に拍車をかけ、ついに、ジャンルの崩壊まで引き起こすに至った、と言えるかもしれない。ところが、映画は、ある様式を先人に開拓しつくされるという経験を、（無声映画時代の実験的な作品を別にすれば）ほとんど持たない。また、詩や小説は、紙とペンさえあれば簡単に書くことが出来るが、映画は制作に多くの費用がかかるから、前衛的な傾向の映画でも、そう、でたらめで一人よがりな作品は創りにくい。瀕死の状態にある現代の芸術の中にあって、映画が最も多産な芸術形式であるのも、作品やジャンルを壊（こわ）さない為の、このような歯止めがかかっていることと無関係ではあるまい。そして、映画の芸術性を捉えるには、映画が本来、芸術的要素の薄いジャンルであるということを、まず意識することが大切なのである。

今日（こんにち）（4）程、映画理論が必要とされる時代も少ない。すぐれた芸術的価値を持つ映画が創られながら、批評する側が、その芸術性を捉えられずに見失っているからである。作品を論ずる場合も、背後に映画に関する理論や本質論がなかったら、映画としての価値や魅力を（それが観る者の主観に基づくものであっても）、つまり、主観の持つ客観性まで、解き明かすことは出来ないのだ。そして、理論と作品とは、互いにフィードバックする関係になければならない。だが、これまで書かれてきた多くの映画理論は、具体的な作品とかかわりの乏しい言わば机上の空論にすぎなかった。理論とは、我々が無意識で感じていることを明確に意識したものに他ならず、対応する現実（実作品）を伴わなければ無意味なのである。もし、実際の作品から導き出された映画理論がなければ、批評と映画との幸福な関係も永遠に訪れないであろう。

注

（1）伊藤康圓「芸術の領域とその構造」（文藝論叢第24号所収）一九八八年　文教大学女子短期大学部文芸科

（2）前掲書

（3）佐藤忠男「溝口健二の世界」一九八二年　筑摩書房刊

（4）一九九二〜三年頃

Ⅱ

「田舎の日曜日」

ベルトラン・タヴェルニエ監督（一九八四年）

主人公（ラドミラル氏）は老風景画家である。部屋に置かれた数々の絵から、以前は外で写生していたことがわかるが、現在アトリエの片隅しか描かないのは何故(なぜ)か。それは、果たして健康上の理由だけであろうか。彼は歳のせいで内向的になったのか。だが、老人は他人と付き合わなくなったのではない。家政婦とは些細(ささい)なもめ事(ごと)は尽きぬが、互いに信頼関係を保っている。しかし、他人との交渉においても、主人公の感情や思想が、言葉や行動となって現れることは稀である。言葉になったところで、それは外界の衝撃に対する条件反射や日常生活の惰性の域を出るものではない。こうした性向が風景画家をして、無意識のうちに室内に閉じこもらせるのではないか。室内と屋外をズームして眺め渡していくショットが、幾度も対になって編集され、内と外との因果関係が執拗に示されているのも、その為であろう。

したがって、映画の中では何の事件も起こり得ない。日曜日に息子一家と娘が訪ねて来て帰っていくだけである。しかし、老人の内部では何かが起こったかもしれぬ。だが、それは形もなさぬ淡い感情、予感のようなものに過ぎぬであろう。この映画は、老人の孤独な心理を描いているわけではない。孤独な老人（人間とはその精神を突き詰めてみれば、皆、孤独なものであるのだから。）の客体化しては描くことの出来ぬ内面の姿を、画面構成の中に定着させている、ということである。

息子（ゴンザク）一家は、毎週のように老父を訪ねて来るという。申し分のない孝行息子と嫁なのだが、うまの合わぬ相手であることには変わりはない。一方、久しぶりで父を訪ねた娘（イレーヌ）は庭を走っていく、彼女の心がはやるのかカメラが先に父のいる東屋に着き、そこにイレーヌが到着（とうちゃく）する恰好となる。しゃべっている最中も絶えず体を動かすイレーヌが、花を見つけもぎ取ろうとすると、父のショットが短くリアクションとして入るが、それは、彼女の情緒不安定に鋭く反応する言葉にもならぬ感情の表現となる。彼はイレーヌがかわいくてたまらないが、現実の軽薄な彼女を見誤ることはない。このギャップが老人の内部で揺れ動く。二人が腕を回し庭を歩いて行くと、ティルト・アップしたフレームに木立ちが占領し二人の姿を一旦隠す。それは、彼女に会うと別れの瞬間を思い浮かべずにはいられないという、歓喜の裏に隠れされた老人の恐れとなる。このように、彼の内面には一定の観念が持続することはなく、感情のかけらのようなものが、他者との交渉において現れては消えるだけである。

戸口に立ったイレーヌが室内を振り向くと、カメラが引き手前に彼女の母親の姿が見えてくる、そして、イレーヌに人生を欲ばってはいけないと言う、今度はカメラが近づきイレーヌを通り越すと外に飛び出して行く。母親は既に死んだ人間であるが回想のシーンで現れているから、この場面でも母親の幽霊（現在）がイレーヌ（現在）に説教しているとは思われず、存命中の母親（過去）と現在のイレーヌ（現在）とが、時空を超えた対話をかわしているように見える。母親の言葉は思想というより単純な概念に過ぎないが、現在と過去を結ぶ映像独自の時間的空間的構成によって、イレーヌの人生を一瞬のうちに透視してしまう。（映画開始時のタイトルの背後で、このセリフが聞こえているのも効果的である。）この言葉によって予言されたイレーヌの不幸が、父の娘に対する形をなさぬ不安と見事に照応しているからである。そして、開かれた戸を接点として外に出たカメラが収める時間空間は、眼前に広がるイレーヌの未来を象徴したものに他ならない。

　イレーヌは、父をドライブに誘う。老人は、池に面し森を背にした野外レストランで、思いもかけず自己の内面をさらけ出す。だが、彼の内面には告白するに足る形ある観念など何もなかった筈ではないか。ともあれ、老人は娘にともなく自分にともなく淡々と話し続ける。父の話を聞くイレーヌを捉えたカメラが、正面から横顔になるまで、ゆっくり旋回する。彼女は父の告白（？）に感動したのか。イレーヌは、人生や芸術の孤独や苦悩を推し計るだけの、知性も思いやりも持たぬ人間である。母の遺品を、はした金で父から巻き上げてきたばかりである。だが、カメラが動くからには、彼女の心に何かが起こったのであろう。男からの電話に自尊心をかなぐり捨てて帰っていくイレーヌにも。そういうふうに描かれている。

ゴンザクの娘が、一人木の下で遊んでいる。陽が西に傾いていく光と影を見事に捉えた撮影であるが、ここでは、イレーヌが突然去ったあとの、人生の黄昏（たそがれ）の表現となっていることが大切であろう。少なくとも、老人は娘に二度と会うことはあるまいと直感したに違いない。それは、自分の死を無意識のうちに予感するということであったか。

息子一家を駅で見送ったラドミラル氏は、一人帰途（きと）に着く。殆（ほとん）ど影となった石垣をカメラが見渡していくと、手前の道を老人がゆっくり歩いている、暮れかけた陽の最後の光が石垣に当たっている。門を開けようとする老人の血管の浮きでた手に、すばやくズームすると、彼は振り向く。すると、まばゆい光の中で少女が二人なわ飛びをしている。幾度となく現れたこの二人の少女が、老人にしか見えない存在であったことが、ここにきて鮮やかに顕在化する。それは、彼の内に秘められていたエロスの香りと息づかいとを具象化したものに他ならない。アトリエに入った彼は、思案するともなく歩き回る、そして、いつしか描きかけの画布を新しい画布に取り換えている、この定かならぬ軌道を長廻しで追っているが、その中に苦悩の跡とそれを耐え忍ぼうとする精神の動きが見られる、そこに澄み切った叡智の眼が現れ画布に向かう老画家を見据える、意を決したカメラは彼に近づいていく。老人の笑うとも泣くともつかぬ表情は、諦念であると同時に言葉にならぬ決意の現れであろう。そして、ラスト・ショットは、カメラが室内から開かれた戸を接点として庭に進んで行く。それは、老人の精神の内部が外部と合体しようとする願望であったのか、または、彼の生が死に向かって踏み出した最後の歩みを示すものであったのか。

「みつばちのささやき」

ヴィクトル・エリセ監督（一九七三年）

フランケンシュタインの映画を見た二人の少女。ベッドの妹(アナ)と姉（イサベル）の会話を、いちいち写していく単純さが、二人の幼いやり取りと釣り合っていて、フランケンシュタインが井戸のある一軒家に住む精霊だという話が、姉娘のたわいのない出まかせに過ぎぬことも表している。ところが、階上の音がフランケンシュタインの足音であるかの効果を与える時、イサベルの作り話がアナの中で既に実在と化していることを示す。ヴィクトル・エリセ監督の「みつばちのささやき」は、こうしてフランケンシュタインを精霊であると信じこんでしまった少女の、心象風景が展開していく作品なのである。

　村はずれの荒涼たる原野に、忽然と現れる古井戸と空屋。これを据えっぱなしで撮っているのだが、フランケンシュタインの住む（？）古井戸と一軒家の存在感は、時間空間をこま切れにしない長廻しによってこそ鮮明に浮かび上がる。そして、人間のものとは思えぬ大きな足あとが。アナはそれに小さな足を当てる。人間は、何かを信じたからには確かめたい。これが信仰告白の見事な描写になっていることに、気づくべきではないのか。ここで形象化された少女の行為は、その畏怖と無償性によって祈りに昇華されているのである。

　場面は変わり、二人がスキップしながら家から戸外に飛び出て行く。室内のうす暗さにくらべ、外のまばゆい光が鮮烈なところへ、線路のレールへとディゾルブされるのだが、普通の画調に戻る直前、濃いブルーにレールが染まったようになる。この色調の一瞬の変化の中に、恐れと憧れとが入りまじった、少女の内面の投影を感じ取ることが出来るのである。これは、決して、人物の行動や心理の形に客体化しては描くことの出来ぬものであり、即ち、詩としか呼びようがない。感受性豊かな少女の、うつろいやすい心の季節が、画面それ自体の肉感性の中に生々しく息づいている。映像詩という言葉は曖昧に使われているが、映画に詩があるとは、このように、映像の形態の中に作者（あるいは主人公）の内面の姿が刻印されていることに他ならず、それが思想的な陰影を持った作品であることを意味する。逆に言えば、思想的な観念を主題にしたり、登場人物に語らせたりする作品が、思想的な映画ではないのである。

うつろいやすい心の季節に、信仰の種は蒔かれた。夜、夢遊病者のように庭をうろつくアナ。アナが目をつぶると、汽車の音が聞こえてくる。ディゾルブすると線路が。次に汽車が現れる。汽車から男が飛び下りる。井戸のある空屋のロング・ショット、手前から男が姿を現し小屋に向かって走る。寝室のアナ、風の音。空屋で寝ているひげの男にディゾルブ。男を覗（のぞ）くアナ。目を覚ます男。隠れるアナ。男銃を手に。岩穴から覗（のぞ）くアナ。アナあっさり姿を見せる、子供なのでほっとする男。リンゴを差し出すアナ。こうした一連のつながりの中で、少女の空想＝信仰が、現実のイメージとなって躍動（やくどう）する様を見るであろう。小屋の遠景、アナが去った後、闇一面に銃口の火花が炸裂する。そして、フランケンシュタインの映画を上映した公民館のスクリーンからティルト・ダウンすると男の死体、その大きな足が見える。少女は男の大きな足によって、彼がフランケンシュタインであることを確かめた筈である。そして、フランケンシュタインは精霊でなければならぬ。だが、精霊は生身の男ではない。とすれば、少女の信仰が、まだ足りぬのであろうか。

食卓の場面である。タバコを吸う父。コーヒーカップに砂糖を入れる母。大きな器で食事するイサベル。大きな器で食事するアナ。正面からの単純なショットの組み合わせで、団らんのイメージが出来上がる。ところが、この均衡(きんこう)を破るように、父が突然、時計のオルゴールを鳴らす。アナのリアクションと彼女を見つめる父の横顔とのカット・バックで、単にシチュエーション(ひげの男にあげた時計を父が持っていることで、アナが彼の死を予感する。)をこえて、アナの揺れ動く内面的葛藤を、あますところなく表現するのである。あのひげの男はフランケンシュタインではなかった、と口に出してしまったらもう嘘（うそ）になる、そんな形もなさぬ、うつろいの感情である。

夜の森をアナが歩くと、水面に光が映っている、彼女は水辺にしゃがむ。水にアナが映る。アナの顔に光が。水に映ったアナが揺れると、それにフランケンシュタインの姿が重なる。わかっていた人には、わかっていた筈だ。少女は、フランケンシュタインを精霊であると信じた。フランケンシュタインの姿をした精霊を見たとしても、理由はそれだけで十分である、というように作品全体が創られているからである。これが少女の妄想であると見えたなら、映画は全くの失敗ということになる。作者がフランケンシュタインに「一人の博士が怪物を蘇生させることで神を真似る」[1]（エリセ）という寓意をこめていたとしても不思議はないが、作品の背景と作品に描かれた世界とは区別しなければならない。「みつばちのささやき」は、感受性豊かな少女が内的葛藤を経て精霊を見る過程を、詩として定着させた作品といって過言ではない。しかも、少女が無心の境地にいる時、精霊を目の前に現出させるその出し方が素晴らしい。夜明けの中でアナを捜す男達。アーチがある。犬がアーチの方に馳けていくと、アナの寝ているのが見える。明けの光りとの対比によって、精霊の住む世界がより確かな存在になるわけだが、もしアナの寝ている姿に、森の中のフランケンシュタインはアナの夢であったと、本気で考えたとしたら、それは、神秘に対する畏怖を忘れた現代人の、また作品を詩として味わう感受性を持たぬ人の、そして何より、作品の構造を全く無視した、こじつけ以外のなにものでもなかろう。

エリセは、このあと「エル・スール」において、様式的な自己のスタイルを、さらに完成したかにみえる。しかし、それによって、少女アナの信仰に彩られた内的体験のかけがえのなさが失われることは、少しもないのである。

注

（1）「ビクトル・エリセ自作を語る」（「ミツバチのささやき」パンフレット所収）一九八五年

「エル・スール」

ヴィクトル・エリセ監督（一九八三年）

前作「みつばちのささやき」から十年の歳月を経た「エル・スール」の冒頭で、エリセは何の説明も必要とはしなかった。前作における〃みつばち〃や〃フランケンシュタイン〃に託した観念は姿を消した。最小限のカメラの動きと単純な構図と光のゆらめきの中に、現にあるものだけが存在している。観念の入りこむ余地はないが、少女（エストレリャ）の涙という厳然たる謎は既にある。観客は、冒頭の数ショットで、作品の世界の渦中（かちゅう）に立たされているわけである。だが、枕もとに振り子を見出す（いだす）時、父が永遠に戻らぬ、とはどういうことか。

それは、およそ情況の説明などと言うものではない。この涙は、単に父の死を予感した故ではなかろう、もし、そうだったら、作者は、この美しい作品を、わざわざ創るには及ばなかったであろうから。問題は、父の出奔（しゅっぽん）あるいは自殺という事件にあるのではなく、あくまで少女の内面にある。それは、外界の喧噪（けんそう）からは隔絶されたところにある。言わば、冒頭の彼女の涙が、この作品を形成していくと言っても過言ではないのである。

振り子が父と娘を結びつけたのは、エストレリャが母の胎内にいた時からであるという。横たわっている身重の母の傍（かたわ）らに、振り子を持った父が坐（すわ）っている。冒頭と酷似した構図だが、右上方の窓からは青い神秘の光が差し、左手奥の壁は茜色に染まり、宗教画を思わせる。父は振り子の力で、生まれてくる子供（エストレリャ）が女であることを予言したという。原野の中の父と娘。夜が明けそめる頃、光の層に被(おお)われた地平線を彼方に、父は振り子と銅貨で水脈をさぐり当てるのである。エストレリャにとって、父は霊の力を持ち奇蹟を行なう人であったが、それは少しも不思議のない事(こと)、寧(むし)ろ当然の事(こと)として受け取られた。幼い少女の眼に写った父が、神秘のヴェールに包まれた冒しがたい存在であった、という事(こと)なのである。

雪の降りしきる日、母は娘に父の生まれた〝南(エル・スール)〟の話をする。父は故郷で幸福ではなかったらしい。二人が向き合った図からディゾルブすると、母の姿は消えエストレリャ一人残される。父の中の〝南(エル・スール)〟を知るために。そして絵葉書をめくる。〝南(エル・スール)〟の情景が現れる。絵葉書を見るエストレリャ、ふと家の外を眺める。今度は雪景色のショットが続く。屋根の上のつららが下った風見鶏は、

〝南(エル・スール)〟の方角を指しているのか。父の心も、風見と同じではないのか。幼い少女にとって、父の像は崩れ始める。父の中に、心の傷と憧(あこが)れとの入りまじった未知の部分を、おぼろげながらも予感したであろう。彼女には、それが何であるかは勿論(もちろん)わからない。まだ漠とした感情に過ぎぬが、観念を伴わないが故に、最も真実で深い洞察力なのである。

だが予感は現実となって現れるものである。エストレリャは父の引出しを開け、女の絵の描かれた一枚の封筒を取り出す。すると、画面はフェイド・アウトしていくのだが、まわりが見えなくなっても、エストレリャの顔だけが、なかなか消えずに残っている。封筒に書かれてあったイレーネ・リオスという名が、彼女の心から離れぬ様を、恐ろしい程、見事に表現している。映画館の前を通りかかると、父のオートバイが止めてある。イレーネ・リオスのポスターが、かかっている。映画を見た父は、家へは帰らずカフェで手紙を書く。カフェの中の父と外のエストレリャが同一画面に写る。父は立ち上がりフレームから一旦消えるが、間をおいて娘の前（カフェの外）に姿を見せる、二人をじっと見据えたあと、カメラは、テーブルの上の手紙とペンと飲みさしのグラスに視界を転ずる。（以上を一ショットで撮っている。）つまり、長廻しによって、二人の置かれた時間空間を厳しく凝視しているのである。イレーネ・リオスが父のかつての恋人であったというサスペンスの為だけなら、手紙のカットを切って編集した方が、更に効果的に見せることができた筈である。だが、この長廻しによって実現された間がなかったなら、少女の心にイレーネ・リオスという謎がますます深まるなどという、奇怪な現象は起こり得なかったであろう。

自室に戻った彼女は、イレーネ・リオスのポスターを、ろうそくの火にかざす。めらめらと燃える炎は、父に対する少女の心のゆらめく姿であろう。だが、父の秘密をろうそくで燃やすとは、いかなることか。それは、父の秘密を自己の秘密に転化する、ということではないのか。この八歳の少女は、もはや無垢(むく)ではあり得ない。彼女自身が秘密となったのだから。

しかし、彼女は一応の反抗を試みる。深紅の座布団を敷き、ベッドの下に身を隠すのである。同じ構図でブルーの画調にディゾルブ、彼女を捜す母の声、あたりが暗くなる。続いて、画面は、うす赤い色調になる。色と光の変化によって、少女の内面のたゆたいを浮かび上がらせているわけだが、それは、彼女が何に反抗しているのか自分でもわからぬ、ということに他なるまい。ともあれ、エストレリャは隠れることによって、自己の孤独を父に示したかったに相違ない。ところが、階上（父のいる屋根裏部屋）から規則正しい音が聞こえてくる。父は沈黙で答えたのか。父の方が孤独なのか。ここでも、父の孤独がエストレリャの孤独に転化される様が見られる。彼女は真に孤独になる。父は、イレーネ・リオスの映画を見てから、振り子を使わなくなったらしい。闇の中で床に打ちつける杖に光が差している。振り子の奇蹟が甦ったのか。ベッドの下のエストレリャ、涙で濡れている。彼女は、父が悩みも弱さも持つ生身の人間であることを悟る。自己の中の父、全能者としての父と、永遠に別れを告げるのである。杖を床に打ちつける父、だが杖に差した光も消える。エストレリャに秘密と孤独を与えてしまったあと、どうして奇蹟を起こし得ようか。

エストレリャが八歳に留（とど）まっている理由は、もう何もない。カメラは自転車を引いて庭を歩く彼女につけて後退する、バスト・ショットになりアップになる、そしてパンしていき後ろ姿を捉える。この映画の中に、無駄なカメラの動きはない。幾度となく登場したこの庭、即ち八歳のエストレリャにまつわりつく時間空間を、哀惜の念をこめてフレームに収めているのである。彼女は自転車に乗り並木道を走って行く、犬が後を追う。「道の向うに何があるかは、絶対に見せない。」(1)(蓮見重彦氏)原則は守られ、同じ並木道にディゾルブすると十五歳のエストレリャが戻ってくる、犬が出迎えに飛び出す。犬が入れかわっているところにも時間の隔たりを感じさせるが、七年の歳月を経て新旧の並木がダブって重なる際の、古い並木が消えていく一瞬の映像の中に、八歳のエストレリャが捨て去ったものの全てが、刻み込まれているのである。

十五歳のエストレリャが映画館の前を通る時、イレーネ・リオスのポスターは勿論ない。それは、彼女の心の中にあるべきものだから。かわりに、タバコの火を他人に貰う、みすぼらしい父を見出すだけである。そんな父が、ある日、娘を昼食に誘う。豪華なホテルに。エストレリャは、二人の存在の根幹をなしてきた言葉を、ふともらしてしまう。各々の会話を淡々と写していたのが、イレーネ・リオスの名を口にするが早いか、カメラは条件反射的に父に切り換わる。何一つ無駄のない単純なカッティングの中に、必要なことは全て表現されている。父の表情はいかにも平静だが、内心の動揺をカメラが見逃さないのである。自己の秘密や孤独を、他人の前、いやおのれ自身の前にさらけ出すことに耐えられる程、父は強者ではなかった。自己逃避のために娘を共犯者にしたてる必要を感じた彼は「いくつかの誘いをかけるのですが、自分が生きながらえていくことに関わる問題なので娘は応じることができない。(2)」（エリセ）人間が生きていくとは大人になることに他ならず、エストレリャは父の秘密と孤独によって自我を形成した時、言い換えれば、全能者としての父を自己の中から捨て去ることで、大人になったのである。だから霊力を持つ父の世界を、もはや信ずることが出来ない。そして、娘を以前の彼女に引き戻すのに失敗した時、父は初めて自分が敗残者であることを意識したに違いない。立ち上がりすまないという顔をしたエストレリャと、冗談でまぎらす父のいたずらっぽい表情、彼女につけて引いたカメラが突然宙に舞い上がり隣の広間を見下ろす。初聖体拝受の時、父と踊った同じ曲に合わせて、新郎新婦が踊っている。カーテンのすき間から覗(のぞ)くエストレリャ。カメラは上からエストレリャは普通の目線から、結婚パーティーを眺める。この高さの違いは、どこから来るものか。現在のエストレリャにとって、初聖体拝受の信仰と分かち難く結びついた父は、心を宙に舞い上がらせる神秘の力を持たぬ、ということではないのか。彼女は父に手を振り去っていく。一人残された父のロング・ショット、あの時どうすればよかったのか、という後年の娘の声が重なる。本当に、どうすればよかったのか。これ以上ありようがなかった、というように作品が創られているからである。

　冒頭の涙が再現される。重ねて言うが、彼女は、父の死が悲しいから泣くのではない。そんな浅薄(せんぱく)な涙ではない。うっかりすると見逃してしまうが、これは冒頭の再現であるから、父の死を知る前であって後ではない。幼い少女にとって父は霊の力を持ち奇蹟を行う存在であり、父に対する思慕は畏怖の念を伴う信仰に近いものであった。ところが、父の中の〝南(エル・スール)〟を垣間見(かいまみ)たことで、父の像、換言すれば、少女の心自体がゆるぎ始める。その心のゆらめきを作品として定着させたのが、この映画だということになる。父の中の〝南(エル・スール)〟、例えば彼の秘密や孤独を理解することで彼女は大人になる。だが、それは、取りも直さず、自己の中の父を永久に捨てねばならぬ時であった。その哀惜の涙が、冒頭とラストの涙でありベッドの下の涙である。

エリセは、「みつばちのささやき」において、光と色の微妙な変化を極限まで追求し、素晴らしい効果をあげたが、そこには、作品に不必要な観念、不必要なカメラの動き、不必要な光まで、あるように思われる。だが、「エル・スール」の中には、少女の内面のたゆたいを表現するのに必要なものしか見当たらない。それは、彼の世界が更に単純化され、更に深まったということだ。心の中の神秘と奇蹟を主題としたこの作品は、その存在自体が神秘であり奇蹟である。「エル・スール」とは、そういう映画なのである。

注

（1）「エル・スール」パンフレット　一九八五年

（2）注（1）と同じ

「C階段」

ジャン＝シャルル・タケラ監督（一九八五年）

ブラインドの隙間から外を眺めていた主人公（フォステール）が、室内を振り向く。裸体の女が、ベッドの上で寝返りを打つ。フォステールは、鏡に写った自分の顔に見入る。主人公の人となり、生活環境を印象づける秀逸な冒頭であるが、情事にふけっている時でも自分の顔が気になるところに、彼の自意識過剰が現れている。フォステールは、新進気鋭の美術評論家であり、辛辣な毒舌で他人を傷つけることなど何とも思っていない。「名家出身の反逆児、皮肉屋の寄生虫、漁色家」と、画廊の広報担当の女性（フロランス）から酷評される。この美貌の才女もまた野心家であり、強烈な自我意識の持ち主である。

フォステールが現れ挑発的な皮肉を連発すると、フロランスは彼を避け画面から姿を消すが、挑みかかるが如く近づいてくる主人公の手前に、彼女の後ろ姿が再び見えてくる。画廊の人だかりの中での、人物の出し入れやカメラの動きによる構図の変化が、二人の自意識の角づき合いを視覚的に表現しているのである。ここでは、二人の自我の主張の力関係によって、劣性に立たされた方がフレームから切れるようにも見える。だが、そのあとにフロランスのにらみつけるショットが挿入されることで、彼女が決して我を折り彼に屈伏したのでないことを示す。こうした自意識の地獄から逃れるためには、欧米人にとって、人間の理性とは別の次元の世界からの啓示、山本七平氏の言葉を借りれば、言わば「神からの風」の如きものを必要とするのではないか。

アパートの住人の中に老婦人（マダム・ベルナール）がいる。彼女はアラブ人とユダヤ人の混血で、夫も娘も死に今は一人暮らしであると説明される。フォステールは、彼女と出会っても、ほとんど挨拶さえしない。したがって、主人公が窓辺に佇（たたず）んでいるショットと、アパートの外をマダム・ベルナールが歩いていく様を（フォステールの視線を代弁するかの如く）俯瞰（ふかん）で眺めたショットとが、決まってカット・バックされるのが、いかにも唐突であり、それが伏線ともなるのである。彼は胸さわぎの為か夜目を覚（さ）ます。ドアがあき影が動く。フォステールが暗闇の中を歩く。マダム・ベルナールの首つり死体に、カメラが前進移動する。この、編集のタイミングと移動のスピードは的確であり、主人公の形をなさぬ予感が現実に姿を変ずる衝撃が、如実に伝わってくる。場面は変わって墓地となる。建物のアーチに影が写ると、続いてフォステールが現れる。そして、管理人からマダム・ベルナールの遺灰を受け取る。

この影は、単に主人公の影なのではない。突如として彼を襲（おそ）ったある霊的な力が、背後に感じられるからである。だが、それは、霊と肉といった場合の人間に属する霊、即ち、人の内なる霊魂ではあるまい。およそ、人間の精神や意志にはかかわりなく、外部から一方的に吹いてくる「神からの風」であろう。（ドストエフスキーの小説には、この「神からの風」が描かれている。）それによって、彼は実際どのように変わるのか。これは、精神と肉体しか存在しない相対的な世界に生きる日本人にとっては難しい問題である。

辻邦生氏は、「フォステールが、すっかりいきり立って、精神の尊厳とか、極端な非凡俗性とかに生きようとしているのに対して、彼がほれ込む、あのコンラッドという画家は、逆に凡庸な生活の中に静かにひたり切ることによって、そこから感動をつくり出す。（中略）それを暗示するのが、あのルノワールだと思いますね。[1]」と述べている。

主人公は、初めてコンラッドのアトリエを訪れた時、およそ写実的とは思えぬデフォルメされた絵の片隅に、〝ルノワール風〟と書かれてあるのを見て、奇異な印象を受ける。フォステールは、そもそもルノワールが好きではない。「精神の尊厳とか、極端な非凡俗性とかに生きようとしている」彼にとっては、ルノワールは通俗的な画家なのであろう。ところが、コンラッドに連れられて、ルノワールの絵の前に立たされた時、カメラは「ルノワール作〝じょうろを持つ少女〟」という題字から絵を通過して主人公を一旦写す。つまり、「ルノワール」

という文字とその実際の絵との結びつきで、ルノワールに対するイメージが増強されたところで、それを主人公が眺めている恰好となる。この映像独自の時間的空間的構成によって、マダム・ベルナールの死後ルノワールに接した刹那（せつな）の、フォステールの開眼を暗示しているのである。いったい彼はルノワールの何に感動したのか。次に、彼の〝見た眼〟となって絵の細部――髪、顔、花、じょうろ、再び顔とゆっくりなめ回していく。ここで我々が知覚しているのは、もはやルノワールの絵ではなく、映像の形態なのである。何故かというと、スクリーンに映った被写体が、カメラの動きなどによる構図の変化と、編集によって、時間的空間的な存在として意識された時、それは既に映像の次元に属する形態に他ならぬからである。しかも、近距離からの撮影であるため、絵の全体を眺めることは出来ない。だが、その形態が、ルノワールの豊かな色彩をバックにした、日常のありふれた事物（顔や髪や花）であることで、そこに、人生に対する主人公の深い合一（ごういつ）の感情を感得することが出来る。このような、極めて内的な心の変化が、映画的手法によって見事に捉えられているのである。彼が無意識のうちにコンラッドの絵に嗅ぎつけたのも、その外見にかかわらず、生の充溢を反映している点であろう。

ところで、フォステールは、マダム・ベルナールの自殺する前後に、一度ずつフロランスを訪ねている。最初の訪問の時、フロランスが室内を歩き出しても、カメラはそれを追わず、彼女が画面から切れてしまうことが多い。そのことによって、彼女の行為がとぎれた不完全なものに映るのである。一方、マダム・ベルナールの死によって生まれ変わった（？）主人公が訪ねていくと、人物の動きにつけて自然にカメラが移動（パンも含めて）することで、そこに、自意識のから回りに取って代わって、意識と行為との間の均衡を見出すことが出来るように思われる。それこそ、二度目になって、フォステールがフロランスという驕慢な美女の肉体を所有することの出来た真の理由ではあるまいか。逆に言えば、行為が偶然の断片とならず燃焼する為には、そこに、意識が参与していることが必要である。福田恆存氏はロレンスの思想を紹介して「ロレンスにとって、性はあらゆる人間行為のうち、もっとも純粋な行為なのである。のみならず、断片と化した現代の複雑な社会生活において、まだそこだけは、なんぴとも主役を演じうる最後の據りどころなのである。[2]」と書いているが、この場面におけるセックスは、言わば、行為の完全燃焼であり、映画冒頭の情事とは、およそ性格を異にする、たがいの信頼に基づく深い結合が見られるように思われる。

アパートの階上には、主人公に特別の感情を抱いている同性愛の青年（クロード）が住んでいる。フォステールは、自分の父親にクロードと同居するつもりだと平然と言ってのける。二人の間に、もちろん肉体関係はないが、この虚偽の告白には何の下心も打算もない。フォステールが、父をからかっているわけでもない。だが、フォステールとクロードにはさまれた父親が、メガネをかけたりはずしたりして、きまり悪さをとりつくろうユーモアの中に、人間関係のある種の調和や結びつきが現れているのを、見逃してはなるまい。

フォステールは、マダム・ベルナールの遺灰を持ってエルサレムに赴く。彼女の日記に、死んだらイスラエルで眠りたいと書かれてあったからである。何が、彼をそうまでかりたてるのか。それは、良い事（こと）をして、これまでの堕落した生活を償いたいという、理性や良心のなせる業（わざ）ではなかろう。ともあれ、現地で老婆をやさしく助けながらバスを下りるフォステールには何の気負いもない。彼が遺灰を無心に蒔（ま）き続けるラスト・ショットが、静謐（せいひつ）な美しさに満ちている所以であろう。

注

（1）「C階段」パンフレット　一九八七年

（2）福田恆存「人間・この劇的なるもの」（福田恆存評論集2所収）新潮社　一九六六年

「めまい」

アルフレッド・ヒッチコック監督（一九五八年）

ハリウッドが、良かれ悪しかれ映画というメディアを通して、幾多の時代にわたり世界中の人々に夢を提供し続けてきたことは間違いない。ともあれ、ミュージカル、喜劇、ＳＦなど、エンターテインメントとして大衆の心を惹（ひ）き付けるハリウッド・スタイルとも呼べる様式を創り出したのは、存外特筆に価することかもしれない。そうした中にあって、純粋に映像のテクニックによって人を楽しませる術を心得ていた監督となると、スリラー映画の巨匠と言われるアルフレッド・ヒッチコックを、まず挙（あ）げるべきであろう。

彼のサスペンスの仕掛けは、おうおうにして不自然であったり荒唐無稽であったりする。それは、思いもかけぬ落ちで観客をあっと言わせてやろうという彼のいたずらっ気であると同時に、映画制作上の大きな自信と結びついている。映画自体が不自然で荒唐無稽であったら、もちろん駄目なのであって、多くの場合、話術（主に画面構成）の巧みさによって、作品としてのまとまりを創り上げているからである。映画のリアリズムということが、よく言われる。映画が生身の人間や実際に存在する事物を写したものである以上、現実性を伴うのは、ある意味で当然である。だが、現実に起こった事件をいわゆるノンフィクションとして描こうが、実写を用いようが、さらにドキュメンタリー映画でさえ、一種の仮構であり、作品としての構成を必要とすることは言うまでもない。そして、作品を味わい鑑賞した時、そこに真実味が感じられなければ、いかに素材が現実的であっても、観る者を納得させることは出来ないであろう。逆に、虚構に徹し一見でたらめに見えるヒッチコック映画において、そのサスペンスの描き方と迫真力の中に、我々はリアリティを感じ取ることが出来る。その意味でも、「めまい」は、「鳥」や「サイコ」と並んで、彼の映画の中で最も成功した作品と考えることが出来よう。

高所恐怖症の為に刑事を辞めた男（スコティ）が「めまい」の主人公である。彼は、先祖の亡霊に取り憑かれているという女（マデリン）の調査を依頼される。マデリンの車とそれを追うスコティの（車のガラス越しの）アップとがカット・バックされていくのだが、坂の多い似たような街路がくり返し現れ、また、マデリンの車が道を曲がる頻度（ひんど）が高くなるにつれ、観る者はしだいに神経を麻痺させられていく。そして、このように我々の意識が弛緩させられている隙に、その間隙を縫うようにして、マデリンが亡霊に取り憑かれている光景が次々と現れてくる。つまり、それが、あたかも眼前で起こっているかのようなあざやかさで迫ってくる。例えば、美術館で若い女の肖像画に見入るマデリン。彼女のかたわらにあるブーケから絵の中のブーケへ。マデリンの束ねた髪から絵の女の束ねた髪へ。これ以外だったら効果が半減という程絶妙な角度とスピードの移動撮影によって、亡霊の存在を感じるような怪しい気分になり、マデリンと絵の中の女（彼女の祖先に当たることが後に説明される。）が一体であることを否応なしに納得させられるのである。結局、マデリンは修道院の塔から身投げしてしまうのだが、それを止めようとして階段を駆け昇るスコティが、高所恐怖症のめまいを起こす様を捉えた、真上から階下を見下ろした急速な移動ショットが、この場面に異様な迫真力を添えている。彼女が亡霊に導かれて飛び下りたことを、誰しも信じざるを得ないのである。

意気消沈したスコティは、吸い寄せられでもするように、かつてマデリンの行った場所をさ迷い続ける。ブーケのアップからカメラが引いていくと、花屋でそれを眺めているスコティもフレームに入る。彼がふと顔を上げると、四人の女がこちらに歩いて来るが、その中にマデリンに似た女（ジュディ）がいる。ジュディの存在をスコティと観客にさりげなく気付かせる巧妙な描き方であるが、ヒッチコックの話術とは、単にシナリオの上に書かれたものではないのである。スコティは、ジュディにマデリンと同じ服を着てくれるよう懇願する。勘のいい人ならずとも、いやな予感の募り始めたところへ、マデリンそっくりに見せるために化粧している、ジュディの目と唇のビッグ・クロース・アップを挿入し、観る者を、ぞくぞくさせる。映画開始時のタイトルの場面では意味不明だった、目と唇のビッグ・クロース・アップが、伏線として働いているからである。スコティが待っているとジュディが入ってくるが、グリーンの光（窓の外のネオンの明かりが、ドアを照らしている。）に被われて、その姿ははっきりとは見えない。なおも近づいて来て、光の中から死んだ筈のマデリンが姿を現す刹那の鮮烈な驚き。この時の感銘を、我々は疑うことは出来ない。そこに、ある種の真実味を感じ取っているからである。逆に言えば、スコティがマデリンだと思って後をつけていたのはジュディであり、彼はマデリン殺しを自殺に見せかける目撃者にしたてられていたという、種明かしがいかに馬鹿馬鹿しくとも、我々は、ヒッチコックにしてやられたと思いこそすれ、この映画を馬鹿馬鹿しいとは、決して感じていないのである。

「夢」

黒澤明監督（一九九〇年）

黒澤明監督の映画「夢」は、「こんな夢を見た」（漱石の「夢十夜」から取られた言葉である。）という字幕で始まる八つの短編から成る。各々の挿話は夢なのだから一向にとりとめがないし、話の上では、たがいに何の関連もない。時代や場所の設定はおろか、主人公の歳さえまちまちである。だが、濃密な画面構成の中から、作者の内面に長年にわたって蓄積されてきた、暗い情念のかたまりとでもいったものが、吹き上げてくる。八つの夢は、見えない糸でつながれるように、作者の暗部の表出という点で、一つの統一ある作品を形成するのである。

かつて、黒澤はテレビに出演し、映画に一番似ている芸術は音楽である、と語ったことがある。音楽とは、一言で言えば、知的に明解に構成された音の組み合わせであり、そこに言葉では説明できない作者の内面の世界が、にじみ出ているものであるとすれば、「音」を「画面」に置きかえれば、まさに「夢」という映画そのものではないか。「音」と「画面」とは異なる材料であり、したがって、音楽と映画における実際の作品を比較することは不可能であるが、両者に構造上本質的な類似があることは事実なのである。また、音は何も語らないが、この映画には話の筋や主題といったものが、ほとんど存在しない為、音楽に近くなった、と言うことも出来る。

しかし、八つの夢の中に、社会問題や作者の思想的傾向を捜そうとする人が必ずいるであろう。成程、太平洋戦争で生き残った者の負い目（第四話）、原子力発電への恐怖（第六話）、物質文明から離れた生活の中にある幸福（第八話）などが、素材としては扱われていよう。だが、それらは、あくまで素材の段階にとどまり、主題と呼べる程まとまった形では描かれていないことに留意すべきである。

例えば、第八話では、葬式はめでたいものだ、という村人のセリフを受けて、笛や太鼓を打ち鳴らしたお祭のような葬列が現れる。そこに、黒澤の楽天的ヒューマニズムを読み取る人もいるかもしれない。だが、柩を囲んだ女たちの揺れ動く花笠が画面を一杯に占領し、まるで花吹雪のように見えるのだが、その中から願望とさえ呼べぬ祈りのようなものが響いてくるのを見逃してはならぬ。その根底には、未来に対する希望などではなく、暗いものが人類を動かしているという、作者の想いが秘められているように思われる。ともあれ、この映画の真の思想は、こうした画面の肉感性の中にこそ存在するのである。そして、賑やかな葬列が去ったあと、あたりを静寂と虚無が支配して、黒澤の「夢」は全編の輪を閉じる。

八つの夢の何れも見事な出来映えであるが、映像による内面の表現という点で最も成功しているのは、森の中で狐の嫁入りに遭遇する第一話と、展覧会で眺めているうちにゴッホの絵の深部に入り込んでいく第五話であろう。

第一話は、悪夢を詩に結晶させる、この映画のエッセンスとも言うべき珠玉の短編である。陽の差している森の中を激しく降りしきる雨、さりげない移動撮影、ざわめき始める笹の葉。何かが起こりそうだという予感を募らせたところで、少年の前方に立ち込めるもやの中から、狐の嫁入り行列が姿を現す。はっぴを着て、顔には狐を模したメイクが施されている。少しの不自然さもなく、ある種のリアリティを持って、観る者を非現実の世界に引きずり込む、黒澤の手腕はさすがである。狐の行列は歩きながら、幾度となく見えを切る。この見えは、狐であることを示す為のものに過ぎないのだが、木影から窺っている少年に、ひいてはスクリーンを眺めている観客に、向けられているような印象を与える。そして、少年が、見つかるのではないかというサスペンスを超えて、現代人が失くしてしまった原初的な恐れを、我々に呼び起こさずにはおかない。それは、自然と深刻な交渉を結んでいた人間が、自然や動物に宿っている神を見出した時に感ずる、畏怖の念に通ずるものであるかもしれぬ。観る者の恐れも頂点に達した時、少年は逃げ出す。門の前では母親が待っていて、狐の嫁入りを見たからには、死ぬ気になって謝ってくるまでは家に入れぬ、狐の家は虹の下にある、と言う。こうした断片的なセリフも、前後の画面の構成と有機的に絡み合っているのである。場面は変わり、一面に咲き乱れる満艦飾の花の中に少年はいる。その種々雑多な花の色の中に、よろこび・かなしみ・くるしみ・おそれ・あこがれ、その他もろもろの感情そのものが刻み込まれているように見える。黒澤の心の奥底を覗き込むような、背筋の寒くなる想いがするであろう。ここで、我々は、描かれたことがらではなく、作者の内面の投影した生々しい画面そのものに感動しているのである。次のショットで、少年と花の上に虹がかかっている。それは、人間のあらゆる感情を浄化するものであったのか、または、狐という神を通して人間が自然に復帰しうる至福の時を示すものであったのか。

「シェルタリング・スカイ」

ベルナルド・ベルトルッチ監督（一九九〇年）

ベルナルド・ベルトルッチ監督の「シェルタリング・スカイ」は、ヨーロッパの思想・価値感が唯一普遍的なものであるという、欧米人の過信を前提として成り立つ悲劇である。ヨーロッパ文明を体現したような、金が有り余り生の目的を見失ったかに見える、アメリカ人夫婦が主人公である。彼らがアフリカの奥地に足を踏み入れるにつれ、有形無形の有りと有らゆるものが、巨大な力となって行く手に立ちふさがる。この、言わばヨーロッパとアフリカの対決は、前者の完膚（かんぷ）なきまでの敗北に帰する。即ち、過去の自己、換言すれば生命力を失ったヨーロッパ文明に固執する夫（ポート）は死んでしまい、順応力のある妻（キット）は砂漠の果てまで未知の世界にのめり込んでいくが、施設で発見された彼女は、精神も人格もはぎ取られ丸裸にされた、無力で怯（おび）えきった存在に過ぎない。

ファースト・ショットは、ポートの上下さかさまに映った顔であり、アラブ風の音楽がかぶさる。この作品におけるアフリカとの出会いは、既に不吉な予感に彩られているのである。上陸した彼は、ホテルの一室で妻の腹をさする。窓からは夕日が差し込み、ヨーロッパの黄昏を想わせる官能的描写であるが、それが、また皮膚感覚的性欲の表現であることにも注意すべきであろう。

ポートは、偶然出会った男に連れられて、町の喧騒の届かない空地のような所にやって来る。かがり火が闇を照らし出している。彼は、アラブ風のテントの中で、妻と対照的な娼婦の巨大な乳房に圧倒され、一瞬目をつぶる。情事の最中にサイフをすられたポートは、立ち去り際、騙されないぞとばかり、取り戻したサイフを娼婦に見せる。カメラは、彼の優越を示すかのように、立ち上がったポートから、寝そべっている娼婦を見下ろす。神秘的な雰囲気さえ漂わせていた場面が、突然、激しい太鼓の音と共に一変し、彼女は猛然と怒り出す。身の危険を感じた彼は逃げ出すが、男たちに捕えられてしまう。これは、アラブ＝アフリカ世界が示した最初の敵意である。その合理主義と傲慢によって、彼は痛い目に合うのである。さらに、妻の寝室にけたたましく響くノックが、太鼓の音の続きのように聞こえることによって、妻にも暗い影が投げかけられたことを暗示するのである。

ポートとキットは、自転車に乗って小高い丘の上に登り、人っ子一人いない広大な大地を見下ろしセックスする。彼らが、どのような境遇に置かれていて何の為にアフリカに来たかは、ほとんど説明されていない。ことさら、倦怠期（けんたいき）で破局寸前の夫婦というように、描かれているわけではなかろう。むしろ、近代ヨーロッパ個人主義の必然の帰結として、御多分にもれず、自我を主張し傷つけ合う人間関係、自我の存在がたがいの信頼や深い結合の妨げとなる夫婦関係に、倦（う）み疲れているように見える。また、芸術家として、個性や独創性の過度の行使が、貧弱な自己を摩滅させているのかもしれぬ。ともあれ、丘の上で重なり合う二人には、人類の手垢（てあか）に染まらぬ大地に抱（いだ）かれることによって、自我の袋小路から逃れたいという願望があったに相違ない。だが、そこでもまた、たがいの自意識がから回りして、二人は、しらけた気持ちでその場を立ち去らなければならない。果たして、彼らに心の平安が訪れる時が来るのであろうか。

彼らは、さらに奥地に向かうバスの中で、ハエの大群に遭遇する。このハエが、ヨーロッパを拒否するアフリカの象徴として、作品のライト・モチーフのように効果的に使用されているのである。ポートは、彼らの旅行に同行した青年（タナー）と妻との関係に疑いを抱くようになる。そして、嫉妬の観念が彼の心の中で自己増殖するようになるのと、彼が寒気（さむけ）を催し病に冒される様とが、ダブル・イメージとなって描かれていく。妻をタナーから引き離す為に、また、二人だけの憩（いこ）いの地を求めて、ポートは妻を伴い、言わばタナーからの逃避行に出る。だが、彼が幸福への幻影を抱いていた町エルガーには、おりしも疫病が蔓延していた。

エルガーに到着するなり倒れてしまった夫を残して、キットは、建物の間隙を縫うように作られた細く入りくんだ回廊を進んで行く。そこは、ほとんどが暗闇であるが、ところどころで屋外になり、まばゆい光が溢れ出す。それは、あたかも闇と光とが交錯する迷宮であり、他の世界の侵入を拒んでいるかのように見える。ようやくホテルにたどり着くと、疫病の為、ドアは固く閉ざされている。キットがポートのもとへ戻る途中、子供達にハエの群がるショットが短く挿入され、観る者をぞっとさせる。話の展開とは何の関係もないこの画面が、ポートの死を容赦なく宣告しているからである。

ポートを外人部隊の砦に運び、何もない、だだっぴろい倉庫のような一室で、キットは夫を看病する。砂嵐が吹きつける中、汚れた壁をバックに粗末な布一枚かけた二人が寝ている画面が、しだいにフェイド・アウトして消えていく。まことに荒涼たる光景である。一匹のハエが飛んで来てポートの顔に止まる。砦の外で半狂乱になって医者を捜すキットと、キットのいない部屋の中で、苦しみのたうち回るポートに注射する医者とが、カット・バックされたあと、ファースト・ショットと同じく、目を開けたままの、ポートのさかさまになった顔が映る。これは彼の死に顔であるが、背後で聞こえるハエの音に、背筋の寒くなる想いがするであろう。全てが最初から予感されていなかったであろうか。

キットが、外から差し込んで来た強烈な陽ざしに導かれるように、砦の門から足を踏み出すと、眼下に隊商の列が見渡される。この門が、砂漠の内と外とを隔てる接点としての、象徴的な役割を果たしているように思われる。キットは夫の死体を残して部屋を出る。彼女が川のほとりで佇(たたず)んでいると、隊商の一行が通りかかる。突然ふりそそいだ陽の光を彼女は手でさえぎる。トランクをつかむキットの手のアップ。同じショットでカメラは、歩き出した彼女をフレームに収めていく。自分の意志にはかかわりなく不可抗力によって、キットが隊商に身を投ずる様が、見事に描写されているのである。

キットが隊商と共に砂漠を横断する場面の美しさを、何と形容したらよいであろうか。ある時は、熱砂の襞（ひだ）の中に隊商が包み込まれたように見え、またある時は、稜線に並ぶラクダの列が、月明かりを背景にシルエットとなって浮かび上がる。それは、単に砂漠の撮影が美しいだけではない。昼が夜となり、満月が三日月になり、砂漠が時々で表情を変える。その滔々（とうとう）たる流れの中から、自然の生成するリズムが伝わって来るのである。隊商たちの食卓が何度も現れるように、そこでは、いかにも地に足の着いた自然と調和した生活が営まれている。それは、自然と人間とが一体となった、余計なものも足りないものも何一つない、自足した小宇宙である。キットは、しだいに、隊商の生活に順応し、この時間の流れに身を委ねていく。そして、それは、永久に続くかのように思われる。

だが、土で出来た低い家並みの間を、ぞろぞろと入っていく隊商のラクダを俯瞰したショットによって、至福の時は断ち切られ、二度と抜け出ることの出来ない世界に、はまり込んで行くような印象を与える。土の家の中には、幾人もの妻がいる。それは、既に家族制度で縛られた人為的な社会なのであり、砂漠における自然と人間との幸福な親和はない。キットは、屋上に張り出した一部屋に監禁される。それは、女たち以下の奴隷の身分に等しい。隊商の男は、時々やって来てはキットを犯していく。キットは白昼夢を見ているのだろうか。彼女の意識が覚めかかるのは、黒く塗った自分の顔を、鏡で覗きこむ時だけである。記憶とは過去を現在に呼びさます能力であり、過去と現在との間に、砂漠という時間空間を超越した巨大な世界が横たわっているとすれば、どういうことになるのか。それは、記憶喪失の状態と似ている。しかも、現在の彼女には、富も家族も教養も何の役にも立たぬ。彼女の自我を成してきたそれらのものが、ことごとく失われ、これまで生きてきたキットという人間は、もはや存在しないのである。裏返してみれば、彼女にまつわりついてきた虚飾がはぎ取られ、無垢な姿になったとも言えよう。ヨーロッパ文明が虚飾に満ちていた、ということなのであろうか。何れにせよ、ヨーロッパという重い衣装を脱ぎ捨て、裸になった姿がそこにある。だが、果たして、人は無垢(むく)のままで生きられようか。

91 「シェルタリング・スカイ」

「シェルタリング・スカイ」は、ヨーロッパ文明が異文化の中で破綻(はたん)する様を極限まで追求した、ベルトルッチ渾身の力作である。

「青いパパイヤの香り」

トラン・アン・ユン監督（一九九三年）

トラン・アン・ユン監督の「青いパパイヤの香り」は、極めて独創的な傑作である。だが、私は、ベトナムに生まれ十二歳でフランスに渡った監督が、故郷の記憶を映像化したところに、独自性と新鮮さがある、というようなことを言っているのではない。成程、他人につくし日々の労働にいそしむ女たちの姿に、理想の女性像を見出す人がいるかもしれぬ。が、それは、取りも直さず、作品が成功していることに他ならないのであって、そこに、この映画の主題があるというように短絡的に考えるべきではなかろう。また、フランスで教育を受けた作者の、アジアに対する郷愁を発見してみても、何がどうなるというわけでもあるまい。ここでは、社会に規範や様式が存在していることが、描写にリアリティを与えている点が大切であろう。ともあれ、記憶の中のアジアとは単に素材に過ぎず、それが作品の構成の中で、どのように生かされているかということを離れたら、映画とは何の関係もないものになってしまうのである。

作品の前半では、使用人として雇われてきた少女（ムイ）と主人一家の生活する光景が、繊細な感性によって描かれていく。が、それ以上に重要なのは、ムイに親しみと驚きとを与えてやまぬ自然界である。ムイの寝ている窓の外に、青いパパイヤがなっているのが、額縁に入れた一幅の絵のように見える。絵の中では、小鳥が飛び、年老いた使用人がパパイヤの実をもぐ。ムイは窓から顔を出し、あたりの香りをしきりに嗅いでみる。パパイヤの葉から、白い液体がにじみ出ている。不思議そうに見つめるムイ。実をもがれた枝の切り口から、白い樹液が葉に落ちている様を、カメラが捉える。ムイは、それを見て優しく微笑む。この映画の中では、鳥やカエル、パパイヤの葉や樹液のしたたり、ムイの呼吸する空気にまで、自然の内なる生命が宿っているように感じさせずにはおかない。そして十年後、ムイは新進作曲家（クエン）のところで働くことになるのだが、彼女を包みこむ自然の不思議に少しの変わりもない。朝、クエンがピアノを弾き、小鳥のさえずりが聞こえる中、ムイが窓を開け放っていくのが、生命の息吹を室内に引き込んでいるように見える。この作品の真に独想的たる所以は、ムイとクエンが、自然の内なる生命によって官能を呼びさまされ互いに牽引（けんいん）される神秘が、画面構成の中に生々しく脈打っている点である。（映画の最後まで、二人の間に会話のやり取りはない。）したがって、「少女から青春やがて恋というありきたりのスタイルに進む」[1]（淀川長治氏）というようなことは起こり得ない。恋愛心理の入り込む余地はないのである。

舞台がクエンの家に移っても、ムイは家事仕事に余念がない。一方、クエンには婚約者がいて、ムイの事(こと)など無論眼中にない。そんなある日、ムイは、おめかしをして、（クエンの）婚約者の忘れていった口紅を塗ってみる。長く続く、ムイの唇のアップ。帰宅して、食い入るように覗き見するクエン。ムイは見られていることに気付き、慌(あわ)てて隠れようとする。クエンは廊下を進んで行くが、五感を極度に修練し、未知なる領域に足を踏み入れているような印象を与える。二人は、ほとんど無心であり、本能に促されて隠れん坊にでも興じているように見える。それは、動物の求愛に似ている。歩いて来るクエンにつけてカメラも引いていくと、隠れているムイがフレームに入る。二人が隣り合わせに写っているのだが、クエンは、まだムイに気付かない。息苦しくなるようなエロティックな場面である。クエンは、ムイを見つけることが出来るのか。それは、スリラー映画のサスペンスとはおよそ次元を異にする、生命の創造の神秘だけが与かり知る問題である。

夜、カエルの声が聞こえる中、ムイが髪を洗うアップが積み重ねられていく。少し前にも同じ様な場面があったのだが、直接、瓶から水をかけたり、髪の毛が顔一面を被ったり、刺激がよりどぎつくなっている。もし、二つの場面を入れ替えてしまったら、この作品が滅茶苦茶になってしまうことに注意すべきである。髪を洗ったムイが自室に入った後、雨に濡れた葉の上に佇むカエルと廊下を行きつ戻りつするクエンとがカット・バックされていく。そして、〝カエルがしなやかに動き、月の光が葉に反射している〟画面によって、自然の啓示を印象づけたところで、クエンの定かならぬ歩みを捉えた、長廻しのショットとなる。そこから我々は、人間の意志を越えた力の存在を、否応なしに感じざるを得ない。この作品では、音楽がワーグナーの楽劇のライト・モチーフのように用いられているが、ここでは、音楽も二人の間に働いている親和力を暗示しているように思われる。（ムイがクエンの靴をみがく場面でも、同じ音楽が使われている。）クエンは、いつの間にかムイの部屋の前に来ている。彼は中に入り扉を閉める。ここで画面がフェイド・アウトしても、十分感銘を与えることが出来るであろう。（もっとも、この映画の中でフェイド・アウトは使われていないから、作品としての統一を欠くものになってしまうが）だが、カメラは、さらに移動して、葉に雨の雫が静かに落ちている情景を写し出す。自然と人間との一体感をより確かなものとし、観る者を至福へといざなうのである。

ムイは、青いパパイヤの実を慣れた手付きでそいでいき、皿に美しく盛り付ける。（パパイヤは青いうちは野菜と見なされ、男の食卓にのみ供されるものだそうである。）そして、残った実を割ってみると、白い種子がぎっしり詰まっている。その一粒を指に取り、いとおしげに見つめるムイ。それは、新たな生命を目のあたりにした彼女の感嘆を示すものだったのであろうか。意味不明の合成の画面が続き、その中からお腹の膨らんだムイの姿が画面に現れる。文盲だった彼女は、読み書きの手ほどきを受け、今ではすっかり流暢に本を朗読している。

「やがて成長して満開の花ざかり。水の旋律に共鳴して、見事に咲き誇る。」言葉も彼女の姿に釣り合っている。そして、ムイの胎動を観客に暗示したところで、エンド・マークとなる。だが、映画が終わり、スタッフの名が、えんえんと続いていく中で、作者は、小鳥のさえずりを今一度バックに挿入することを忘れなかった。それによって、ラストにおける生命誕生の神秘が、さらに根源的なものになるように思われる。

注

（1）淀川長治「『青いパパイヤの香り』から私の目に、心に、しみたもの」(「青いパパイヤの香り」パンフレット所収）一九九四年

III

「白い町で」
——映画における形態について——

アラン・タネール監督（一九八三年）

1

船を降り立った男（ポール）が町（リスボンであることが後に示される。）をさ迷うショットが積み重ねられていく中で、彼が自分に8ミリを向けると、その8ミリの映像が即座に挿入される。それは、歩いている彼自身のアップであり、しかも手持ちで撮っているわけだから、ブレた極めて不安定な画面となる。次に、路面電車が通り過ぎようとすると、彼は偶然にあらがおうともせず、それに飛び乗る。車内から見た光景が写し出される。8ミリの粒子の荒れた画面で、狭い街路の奥深く未知なる領域に入り込んで行くのだが、車窓のガラスにポールのものらしい姿が一瞬かすめることからも、それが彼の内面に映じた世界であることを印象づける。彼は街角のバーに入る。白っぽい壁に、針の逆に回る時計。ポールとバーの女（ローザ）の向きが逆になるまで、カメラがカウンターを旋回していく間に、ローザは、逆に動いているのは時計ではなく世界の方だと言う。もちろん、そこでは、会話が作品の思想を表しているのでもなければ、移動カメラが「世界の方が逆に動く」のを表現しているわけでもない。セリフによって語られた言葉の意味内容が、カメラの動きと結びついて、ある構成を創り出しているのである。また、それが、時計のショットに後続することで、更に複合的な映像の構成となることは言うまでもない。映画における思想とは、こうして立体的に組み立てられる作品全体を通して、表現される他はない。ともあれ、我々は主人公と共に、時間の解体された茫漠たる抽象的空間に閉じ込められる。リスボンという町の〝白っぽい空と海〟〝建物の白っぽい内と外〟が素材として生かされた時、それは、もはやリスボンではなく、作品の内的世界と変ずるのである。

ポールは故郷にいる妻のもとへ8ミリを送り、彼女は映写機にかけて、それを見る。8ミリには、当然、歩きながら撮った彼自身の姿や、電車から見た街路の光景などが、写っている。そういう設定である。

ところが、本来、故郷で見られるべき次元の8ミリの映像が、前述のように、現在進行形の35ミリの映像の中にも、何の前ぶれもなく現れる。そこには、画面の質感の違い（8ミリの部分は、手持ちである上に粒子の荒れた画面である。）からくる不安感や、8ミリを覗く主人公の視線の介在、つまり彼の心象風景としての効果、そして既に（8ミリに）記録され過去となったものが現在に姿を現す時制の混乱などと共に、映像の形態を観る者に意識させる内的構造が含まれているのである。

ポールは、妻の最後通告とも思える手紙を受け取る。すると、Ⓐ光の反射した水面が8ミリの映像で現れる。このショットⒶにおいて、水面が写っているという意味内容は明らかであるが、それが、どこの海でどのような情況を示しているのかといった、外在的事象は表示されない。もの凄いスピードで流れていく画面であることによっても、彼の眼前に横たわる海とは考えにくいからである。妻は送られてきたフィルムを郵便受けから取り出す。その8ミリに見入る彼女の困惑した表情。Ⓐ'水面をすべるⒶと同様の映像が現れる。そして、ここでは、妻に見せる為にポールが8ミリに収めたフィルムであり、また、手紙の返事を考えながら目の前の海を撮ったものであろう、という外在的事象は表示される。だが、今度は、フィルムの内容が、この場の設定と完全に矛盾してしまう。何もない水面をすべっていくだけの映像から、帰って来るのか来ないのかという、手紙に対するいかなる返答も想起し得ないからである。ⒶもⒶ'も自然音（例えば、海であれば波の音が聞こえる筈である。）が欠落しているため、日常的時間空間としてではなく、作者の（あるいは主人公の）内面の表現として受け取りやすい状態にある。また、外在的事象が表示されなかったり（Ⓐ）、前後の脈絡と矛盾する（Ⓐ'）ことで、我々が、そこから、水面が流れていくという意味内容の背後にその視覚的形態（映像の時間的空間的構成形態）自体を受け取りやすい状態になる。こうした条件に支（ささ）えられて、ⒶとⒶ'には、客体化しては描くことの出来ぬ作者の深い虚無感が、画面自体の肉感性の中に息づいているのである。両者を比較すると、モチーフとなっている音楽が加わっている点でも、ショットの長さが長い点でも、Ⓐ'はⒶを増強したものと考えることが出来る。

8ミリの映像は、なおも続く。

①路面電車が、街路を、ゆっくり走って行く。

②石畳の路が走り過ぎる。

③（35ミリで）見ている妻、手で顔を被（おお）う。

④（再び8ミリで）走り過ぎる石畳の路。

ショット④の路には②と違ってレールがない為、①の電車から眺められた光景とは考えにくいが、④がポールの心象風景とすれば、①〜④は意味構造の上で矛盾はない。だが、④は大写しされた石畳であり、周囲から切り離されたメカニックな画面である上に、②とは逆に、また下から上へ自然の方向に反して流れていく為、我々は、そこに石畳の幾可学模様（映像の形態）を知覚する。そして、その模様自体の中に、主人公の眼に映じた世界のコアとでも言ったものが、見事に刻み込まれているのである。

2

映画が、写真・演劇・文学・音楽といった多数のジャンルから成り立つ総合芸術である、とは世の常識である。そして、各々のスタッフが優秀な仕事をみせると共に、監督が、そこから一つのまとまりを持った作品を創り出してみせた時、各ジャンルの技法を縦横に使いこなした映画が出来上がる。このような作品が、一般にすぐれた映画と考えられてきたわけだし(アメリカのアカデミー賞を受賞する類(たぐい)の映画は、現在でも、この種の作品が多い。)[1]、映画の持つある意味での娯楽性も、実はこの点にある。そこでは、映画監督が作家ではなく文字どおり監督となる。だが、それだけでは芸術作品と呼ぶことは出来ない。印象に残る美しい画面があっても、それは写真の次元に過ぎず、脚本がすぐれていても、それはシナリオの次元に過ぎず、そこには、映画に固有の構造と形式がないからである。

伊藤康圓氏は、（芸術諸ジャンルの）「存在理由をなすものは何かといえば、それは、これらがすべて、何らかの形で、〝享受の対象（味わい楽しむための対象）としての構造や性質を持つ形態〟を創造することを目的とした作品」であるとし、映画における〝享受の対象としての形態〟は「〝せりふや音を伴う、映像の時間的空間的構成形態〟である(2)」と述べている。

映像とは、スクリーンの二次元の空間に実現された視覚的形態であるわけだが、それは、写真のような静止した画像ではなく、その最小単位のショットが既に時間的空間的存在である。そして、個々のショットが複合的立体的に集積して、映像としての時間的空間的構成を創り出す。つまり、作品全体のドラマの世界を創り上げていく為の映像の時間的空間的構成が、形態として知覚されれば、各ジャンルが映像という全く別のジャンルに統合されたことを意味するのである。それは、ショットが変わると同時に時間・空間も変化したことを、観る者が意識する、ということに他ならない。すぐれた映画は、こうした映像の形態としての側面を明確に知覚させる構造を、（作者が意図したかどうかは別として）必ず持っているのである。

㈠ある画面や〝画面のつながり〟における外在的事象が、表示されなかったり場面の設定と矛盾する。㈡35ミリと8ミリというような画調の異なるショットをつなぐ。（エリセ作品にみられるように、色調の異なるショットをつないだり、また同一画面内の色調を変化させるのも、この方法の一種とみなしてよい。）㈢クロース・アップによって、被写体が場景から切り離され具象性を失う。㈣移動ショットの編集の際、カメラの移動する方向を逆にする。

以上は、前記の「白い町で」の分析で取り上げてきた通りだが、この他にも、映像の形態を知覚させる方法は、いくらでも考えられるであろう。

だが、ここで注意しなければならないのは、映像の形態が知覚されたとしても、もし、それらが、作品全体の構成の中で不必要なものであれば、目ざわりな画面にしかならない、ということである。

そして、〝享受の対象としての形態〟を持ち、映像というジャンルを確立しただけでは、映画が芸術である為の必要条件に過ぎない、ということも忘れてはならない。映像の時間的空間的構成によって、作品のドラマの世界が有機的に形作られていくと共に、その形態自体の中に作者の精神の刻印が感得できなければ、それは芸術作品でも何でもないのである。何故かと言うと、こうした「〝形態の面白さや魅力〟

はそれ自体としては美の範疇のものではない」(伊藤康圓氏)のであり、「芸術作品の場合それを享受することによって精神の深部が充たされる[3]」(同氏)時、初めて、それを創り出すことが、美の創作行為と成り得るものだからである。つまり、真の芸術作品であるかどうかを判定するのは、究極のところ、作品に対する愛情と批評精神に裏うちされた、受け取る側の直感による他はない。また創り手にとっても、強固な意志と精神力によって〝享受の対象としての形態〟を創り出してしまった後は、その価値を判定する基準は、もはや、ないのである。芸術の創作行為とは、そういう、極めて孤独で不安定な場所にある。

アラン・タネール監督の「白い町で」は、8ミリの映像をダイナミックに駆使した時間的空間的構成形態の中に、作者の深く陰鬱な主体的思念をスリリングに定着させた、芸術作品と言えよう。

注

（1）映画封切（一九八六年）当時

（2）伊藤康圓「文学と芸術」（文藝論叢第19号所収）
一九八三年　文教大学女子短期大学部文芸科

（3）前掲書

漱石の「それから」と森田芳光の「それから」
――小説と映画における表現について

森田芳光監督（一九八五年）

1

森田芳光監督の映画「それから」は、明治の持つ、ある種のイメージを伝えることに成功している。ただ漫然と時代を再現しているのではなく、それは、あくまで森田監督によって選択され再構成された明治なのである。例えば、一面ガラス張りといった感じの部屋、屋根のない市電、生活に困っている筈のヒロイン（三千代）の多彩な衣裳など、一見、奇異な印象を与えるかもしれない。だが、老練なスタッフをそろえて、「むこうの景色はぼやけてレロレロになる」（今村力氏）明治のガラスを用い、「明治村に残っている京都の市電を参考[1]」（同氏）に東京の市電（東京は当時、市であった。）をデザインするといった具合に、細部の時代考証をおろそかにしないことにより、明治という時代に内在するハイカラ趣味、華やいだ雰囲気が、鮮明に浮かび上がってくるのである。（超現実的な市電のショットには、主人公の内心に映じた悪夢としての効果も含まれている。）そして、このような確かな様式に支えられた時、イマジネーションとユーモアのセンスに溢れた森田演出が、その本領を発揮することになるのである。

坐（すわ）っている父を横から捉えた画面手前に、誰のものともわからぬ膝と手のひらが写っている、父が茶を点（た）て終わると主人公（代助）の手が伸びて茶碗を受けとる。三十にもなって働きもせず気ままな生活を送っている代助（漱石の原作が、当時のいわゆる高等遊民を描いていることは、よく知られている。）に、父が説教している場面である。それは、江戸時代から受け継がれた儒教的規範に生きながら、西洋文明の物質的恩恵には浴している（即ち、新時代において事業に成功している）父、あるいは、思想の根を離れた、表面上の西洋を取り入れることに汲々としている社会の風潮と、その矛盾や混乱を軽蔑している代助との、葛藤であるかも知れぬ。ともあれ、代助が膝だけ見せた、このとぼけた構図には、こうした困難な現実に真っ向から立ち向かおうとしない代助の、傍観者としての態度がにじみ出ている。

　彼のそういう優柔不断な性格は、恋愛関係においても現れる。代助は彼の家を訪ねた三千代からユリを受け取る。すると、ディゾルブして、彼は傘の中で三千代の持ったユリをかぐ。「役者の動きはとめてカメラのスピードは三倍ぐらいにする」[2]（前田米造氏）撮影であったそうだが、雨の降っている背景の時間だけが進行し、二人は完全に静止した状態に見える。その不思議な質感によって、これは、回想であると同時に代助の空想でもあり、また彼の存在を脅す強迫観念ともなる。つまり、自分が傍観者であったため、今は親友（平岡）の妻となった三千代に対する代助の想いが、画面自体の肉感性の中に鮮烈にきらめいているのである。

日本在来のものと欧米文化との脈絡のない混淆は、さらに拡大化し、儒教的あるいは仏教的世界観が、もはや我々の生き方を律すべき規範としての価値を持たず、生活様式というものの、まるでなくなってしまった今日、現実に流されもせず傍観者にもならずにいるのは、至難の業（わざ）であろう。映画の中で類型としてではなく、かけがえのない一回限りの生として描かれた主人公の境遇が、現代に生きる我々の、切実な問題となりうる所以である。

2

この映画のセリフは、おおむね小説から取られている。女の言葉など歯切れがよく意外とぞんざいな感じが、大正や昭和初期より闊達（かったつ）な明治の女性という、映画のイメージとうまく合致（がっち）している。

だが、戯曲と違い、本来、小説の会話は地の文との構成によって成り立つ筈のものである。漱石の原作では、代助が三千代を自宅に呼んで想いを打ち明ける場面でも、代助の告白やそれに対する三千代の返答の内容自体には、さほど重きを置かず、むしろ、それらが地の文と結びついて、逆に沈黙を創り出しているようにみえる。三千代が道ならぬ恋を承認するクライマックスは、次のように書かれている。

頬の色はもとより青かったが、くちびるはしかとして、動くけしきはなかった。その間から、低く重い言葉が、つながらないように一字ずつ出た。

「しょうがない。覚悟をきめましょう。」

代助は背中から水をかぶったようにふるえた。社会から追い放たるべき二人の魂は、ただ二人向かい合って、互いを穴のあくほどながめていた。

それは「動くけしきはなかった」「くちびる」からもれた「低く重い言葉」であり、意表をつかれ無防備であった「代助は背中から水をかぶったようにふるえ」なければならない。その宣告は、三千代の言葉というより、「社会から追い放たるべき」二人の運命に他ならぬからである。そして、「向かい合って、互いを穴のあくほどながめ」る沈黙に耐えるよりなすすべがないとすれば、その沈黙は、自己に誠実に生きようとする主人公二人が「社会」に払わねばならぬ代価であると共に、作者漱石の、同時代に対する苦渋を表しているように思われる。

一方、映画にあっても、小説とほとんど同様の会話が、えんえんと続いていくのだが、地の文から切り離されることで、同じセリフが全く平凡なものに変わってしまう。「覚悟をきめましょう。」という言葉一つとっても、「うごくけしきはなかった」口から発せられたのでなければ、テレビドラマの通俗的セリフと、何ら変わるところはないからである。代助と三千代のセリフのやり取りにおける間が、単に物理的無音状態に過ぎず、小説の沈黙に及ぶべくもないのである。この場面は、ユリの花を間に向き合った二人を、カメラも被写体も動かさず長廻しで撮っている。

長廻しの撮影というのは、ショットを切って時間空間を省略することがないから、そこに自ずと持続感とか存在感といったものが生まれてくる。だが、本来、ショットを切って編集するとは、作品の世界を構成するのに必須な時間空間を抽出することに他ならない。逆に言えば、雑然とした現実を、長廻しによって雑然と放り出したままでは、作品にとって不要な時間空間が含まれることにならざるを得ない。長廻しを多様した映画に、退屈な作品が多いのは、その為である。また、俳優の演技を、長廻しによって据えっぱなしで写しただけで、そこに映像としての構成が加わらなければ、それは、舞台のコピーと変わりはないのである。そして、演劇という三次元の空間をスクリーンの二次元の空間に置き換える際、立体感・臨場感・即興を生み出す演者と観客との交感などが失われ、必然的に舞台の生命は失われるであろう。したがって、長廻しを用いる場合、カメラや被写体を動かし構図を変化させることで、一ショットの中でも一定のまとまりを持った映像の時間的空間的構成を創り出す必要が生ずる。（溝口健二監督の映画は、その好例である。）また、カメラも被写体も動かない場台であれば、前後のショットと結びついて、映像としての時間的空間的構成を創り出すことが、なおさら求められる。

ところで、「それから」に話を戻すと、代助と三千代が向かい合っただけの長大な一ショット自体に、映像としての構成が全く存在しないばかりか、前後との脈絡においても、極端な長廻しであることの必然性が感じられない。また、戯曲のように、セリフの部分だけで自立しうる構成を持つわけでもなく、背後にベッタリ使われている感傷的な音楽が、この場面の平板さを更に助長している。原作の会話を生かそうとするところからくる、長廻しの失敗例と言えよう。

しかし、代助が三千代との関係を平岡に告白する場面では、森田監督の長廻し演出が見事に功を奏している。

立ったままの平岡が画面左手前に、畳に坐(すわ)った代助が右後方に映っている。近距離から俯瞰気味の撮影である為、うつむきかげんの平岡が画面を大きく占領する恰好となり、彼の受けている精神的苦痛を印象づける。そして、代助の話をじっと聞きながらも全身に現れる平岡の心の動揺を、長廻しのカメラが、たじろがずに凝視していくのである。続いて、代助に詰め寄り、またもとの場所に戻る平岡の動きにつけて、カメラも前進、後退するのだが、ショットを切らない持続した時間空間を通して、高まりそして静まっていく平岡の感情の起伏を表現することになる。次に、重病の三千代に会うことを禁止され（画面左手前の）平岡のもとに駆け寄った代助が、取り乱して叫ぶ時、前傾した代助の半身と（椅子に坐った）平岡の顔を収めた不安定な構図のまま、カメラが旋回する。この言わば唯一不必要と見えるカメラの動きが、長廻しによる冷徹な現実凝視の中に置かれることで、作者の絶叫とでも言うべき感銘を与えるのである。平岡が立ち上がるとカメラも近づいていき、二人のアップに近いサイズとなる。

以上がすべて一ショットで撮られているわけだが、近づいたり離れたり、また、立ち上がったり坐ったりする、二人の心理状態や力関係の変化する様が、そのまま視覚的な構図の変化となって、映像の時間的空間的構成を創り上げている。そして、長廻しによる濃密な持続感・存在感の中で、二人の種々雑多な観念の背後から、ある究極の精神が現れてくる様が見られる。憎悪・嫉妬・自尊心・世間的打算・いらだち・あわれみ、などの末に、対等にアップで写された二人の獲得したところは、偶然を必然と感じ、現実を進んで受け入れる、強い精神の力に他ならぬからである。そこでは、激しい葛藤と互いに対する信頼とが不思議な調和をみせ、真の友情とでも呼ぶよりほかはない絶対的な境地を創り出しているのである。

だが、そうしてみると、父が平岡からの手紙によって、代助と三千代の関係を知るという設定が、この素晴らしい長廻しと、矛盾してしまうように思えてならない。このショットの終わりにアップで示された平岡が、このような卑劣な手段に訴える男には、どうしても見えないからである。

一方、小説では、この同じ場面が、社会的存在としての平岡と、何もしないこと自体が社会に対する反抗であった代助との、対立として描かれており、親に解決を求めることが、当時の社会道徳にかなった行為であるとすれば、この手紙には、何らの不都合もないことになる。

したがって、平岡の手紙で事情を知った兄が、「世の中にわからない人間ほど危険なものはない。」と代助を評する時、映画では、セリフの観念だけが宙に浮いてしまうのに対し、小説では、それが「兄の言葉は、代助の耳をかすめて外へこぼれた。（中略）すべてを都合よく弁解して、世間的の兄から、今さら同情を得ようという芝居気はもとより起こらなかった。彼は彼の頭のうちに、彼自身に正当な道を歩んだという自信があった。」（傍点筆者）という地の文と結びつくことによって、内的倫理を無意識のうちに求めてきた主人公と価値の尺度を失った社会との断絶、というこの作品の主題が、ついに自覚された形で具現されるのである。これは、中村光夫氏も言っているように（以下傍点部分）、日露戦争後の知識人の行き詰まり――自己の能力を社会的地位にも、また社会思想の変革にも生かし得ないという焦燥――を反映していると共に、習慣と惰性とからなる社会で純粋に自己たらんとする、言わば作者の血肉を分かたれた主人公の陥らざるを得ない悲劇に他ならない。代助は、そこで、もはや傍観者ではなく、困難な現実に裸のまま独力で耐えているのである。だが、それが、ほとんど狂気と紙一重の状態を彼に強いるものであることは、この小説の結びの、あたかも作者の精神が乗り移ったような畳みかける筆致（ひっち）に仮借（かしゃく）なく現れている。

> 煙草屋の暖簾が赤かった。売り出しの旗も赤かった。電柱が赤かった。赤ペンキの看板が、それから、それへと続いた。しまいには世の中がまっかになった。そうして、代助の頭を中心としてくるりくるりと炎の息を吹いて回転した。代助は自分の頭が焼け尽きるまで電車に乗ってゆこうと決心した。

このように、漱石文学の時代を超えた生命は、時代思潮を写すにとどまった多くの明治文学の中で、現実を超えた真の人間典型を創造しえた点にあったのである。

これに対して、映画のラスト・ショットは、兄に叱(しか)られてしょんぼり歩く代助の半身であるが、それは、社会にとっても自己にとっても人生の敗残者に過ぎない。原作の会話や筋が、映画の中で作品の構成の妨(さまた)げとなっている点、かえすがえすも惜しまれる。

3

映画が原作に忠実であるか、また、原作の精神を伝えているかどうかが、事も無げに論じられる。しかし、作品の思想・精神とは、その表現形式と不可分のものであり、芸術として異なったジャンルと領域に属する小説の世界を、映画に移しかえることなど、初めから、出来る性質のものではないのである。原作に忠実な映画化とは、せいぜい、小説の会話、人物や情況の設定、筋の展開などを、シナリオの上で借用している、という程度のものであろう。そして、小説の中では光り輝いていたそれらのものが、文章の構成から切り離されてしまえば、もはや、ほとんど価値はないので、シナリオを構成する素材として、多くの変更が必要になるのは、寧ろ当然である。また、シナリオとは、戯曲のように、それ自体が作品なのではなく、あくまで映画を創る為の設計図に過ぎない。したがって、シナリオも、映像を構成する一要素としての見通しの上に、書かれなくてはならない。この点でも、原作を脚色する際、種々の変更がなされるべきであろう。しかも、小説上の事象が、シナリオの中で、どのように使われているかを検討しただけでは、シナリオの次元にふれているに過ぎず、映画を論じたことには決してならない。つまり、それは、小説から、いかにシナリオを再構成するかというシナリオ作法の問題であり、シナリオを創作しようとする人にとっては有用であったとしても、作品鑑賞とは直接の関係を持たない。

何故（なぜ）、小説と映画との素朴な対照が頻繁（ひんぱん）に行われるかというと、通常我々が接しているテレビドラマや多くの凡庸な映画にあっては、シナリオにおけるストーリーや会話と俳優の演技が、主（おも）に作品の特質や価値を決定し、撮影・編集・音楽などは、それらを実現する技術上の手段であるという、映画に対する通念が働いているからである。また、主人公の名が固有名詞であるより普通名詞として感じられる程、一般に浸透している有名小説の映画化の場合、言わば主人公の行為は、既に我々の知識や経験と化しているわけで、そこに変更が加えられれば、観る者の経験自体が修正を余儀なくされることになる。我々の存在を脅かすこうした違和感を解消する為、たとえシナリオの上であっても、映画化の際どのような変更が加えられたか、無意識のうちに確かめ安心を得ようとするのは、すべての人間に共通した心の動きと言えるかもしれない。

これまで、「それから」の小説と映画を対照して述べてきたのも、作品の比較というより、両者が全く別のジャンルに属することと、小説を映画化する際、セリフを初めとして、原作にとらわれることの危険についてであった。それでは、小説と映画における構造と形式（享受の対象としての形態）とは何か。

国文学者伊藤康圓氏は、「小説における〝享受の対象としての形態〟とは、登場人物の行動や心理や場面の情況などを、ことばで表示（叙述・描写）することによって構成した〝意味的表象内容の形態〟である」とした上で、「小説における〝享受の対象としての形態〟とは別のものであり、その付随的要素にすぎないものであるが、その作品の文学的価値や感動を支える（時には決定する）重要な要素」に「ことばによって次々に叙述されてゆく過程の姿および、それを語る部分部分の〝語のつながり〟の形態の魅力」をあげ、「後者は、作品の要所要所で詩と等質のきらめきを示す」(3)と述べている。

ハンケチが三四郎の顔の前へ来た。鋭い香がぷんとする。

「ヘリオトロープ」と女が静かに言った。三四郎は思わず顔をあとへ引いた。ヘリオトロープのびん。四丁目の夕暮れ。迷羊（ストレイシープ）。迷羊（ストレイシープ）。空には高い日が明らかにかかる。「結婚なさるそうです

ね。」美禰子は白いハンケチを袂へ落とした。（傍点筆者）

――夏目漱石「三四郎」――

三四郎が、あこがれの女性美禰子自身の口から、他の男性と結婚する事実を確かめる場面である。ヘリオトロープは三四郎が美禰子に選んでやった香水の名、四丁目は一緒に歩いた本郷四丁目、迷羊（ストレイシープ）は彼女のつぶやいた言葉（実際に美禰子が口にしたのは「迷える子（ストレイシープ）」であるが、その意図を汲（く）み取った三四郎の意識の中で「迷羊（ストレイシープ）」と変容されている。）を踏（ふ）まえたものである。つまり、傍点の部分は、〝語のつながり〟が何かを語る（表示する）と共に、一方ではそれ自体の「形態の魅力」を示しているのである。（迷羊（ストレイシープ）。迷羊（ストレイシープ）。と同じ言葉がくり返し用いられているのも、「〝語のつながり〟の形態の魅力」

を創り出すのに貢献している。）そして、美禰子にまつわる華やかなイメージをバックに、三四郎の淡くうつろいやすい内面の姿が「〝語のつながり〟の形態」自体の中に刻み込まれているのである。それは、人物の客体化された行動や心理（意味的表象内容）の形では決して描くことの出来ぬものであり、「詩と等質のきらめきを示す」所以である。

また、先に引用した「それから」の結びの数行は、「ことばによって次々に叙述されてゆく過程の姿の魅力」と考えてよかろう。

すぐれた小説とは、〝享受の対象〟としての登場人物の行動や心理の形に客体化された意味的表象内容の構成を、その「付随的要素」である「叙述されてゆく過程の姿」や「〝語のつながり〟の形態」が支えることによって成り立っているのである。

だが、小説において、その最小単位である語が、文法形式によって一定の意味構造を持つセンテンスとしての〝語のつながり〟を形成する時、〝語のつながり〟は何か（意味的表象内容）を語るための手段（記号）として働き、我々が「〝語のつながり〟の形態」までを受けとるのは「作品の要所要所」に過ぎない。そして、小説における意味的表象内容とは、現実に接するようなイリュージョンを読者に与えるように具象的に描かれるわけだが、それは、あくまで言葉によって表示された具体的な表象であって、言語作品のレベルでは、目で見ることも耳で聞くことも出来ない。が、その反面で、登場人物の心理を直接描くことが出来るという強味がある。

一方、小説における意味的表象内容は、映画では表示内容と呼ぶべきであろう。そして、映画の表示内容（場景に関することがら）は、特定の人間や事物の映った画面によって、視覚的聴覚的に表示される。

しかし、登場人物の心理（意識内容）は、セリフやナレーションなども補助として、具象的な画面によって間接的に暗示することしか出来ない。また、映画における画面には、スクリーンの二次元の空間に実現された視覚的形態としての側面があり、純粋な記号ではあり得ず、その表示内容と共に、多かれ少なかれ、視覚的形態としても意識されるのである。

したがって、小説における意味的表象内容を映像に置きかえた時、意味的表象内容（表示内容）の表示の仕方も、また、形態面でも異なる、比較不可能な別個の次元の世界が現出することは明らかであろう。

また、同じ視覚的形態であっても、映像とは、写真のような静止した画像ではなく、その最小単位のショットが既に時間的空間的存在であり、それらが複合的立体的に集積して、映画における〝享受の対象としての形態〃である映像の時間的空間的構成を創り出す。つまり、こうした映像の構成を通じて、作品の表示内容の世界を有機的に創り上げていくことが、取りも直さず、写真・演劇・文学・音楽など各要素を、映像という全く別の次元に統合することに他ならない。それは、具体的には、個々のショットが全体の構成の中で、一定の意味的関連によって連結される過程で、映像の時間的空間的構成が形として知覚されることを意味する。

三千代がユリを持って代助を訪ねる場面のショット構成は、次のようになっている。

①　正面手前のテーブルの上にガラスコップが置かれていて、氷の鳴る音がする。実際には、コップは揺れないし氷も入っていないのだから、これは非現実の音であるが、明治におけるガラスの新

鮮なイメージを印象づける。ここでは、音も映像の構成要素となっている点が大切であろう。

画面奥に三千代が現れ、テーブルのところまで近づいて来ると、にわかに息をはずませる。すると、代助が左手から姿を現し、心配そうに彼女を見つめる。三千代はコップの水を飲もうとするが、代助は、それを捨て新たに水を汲みに画面奥に進んで行く。一人取り残された三千代は、途方にくれて持ってきたユリをテーブルの上に置く。

② コップを持った手が鉢の水をすくう。

③ 台所で代助が水を汲んでいる。

④ ②に同じ

⑤ 台所で水を汲む代助。（代助の動作に③と弱干の差違が見られ

る。）

⑥　コップを持った手が、花を生けたガラス鉢の水をすくい、口に持っていくと（カメラが視線を上げ、三千代であることがわかる。）

一気に飲みほす。

ショット①は、カメラを固定したままだが、人物の動作と出し入れの妙によって事実上は構図を変化させ、長廻しの一（ワン）ショット内で映像の時間的空間的構成が形として知覚される。その中で、持病の発作を突然起こした三千代と、それを見て取り乱す代助の一挙一動が、中央に置かれたコップを支点として、視聴覚的に表現されているのである。

②④は短いショットである上に、周囲から切り離された構図である為、いつ、どこで、誰が、何の目的で水を汲んでいるかは明らかでは

ない。また②と④が全く同じ動作の反復であることも手伝って、誰のものともわからぬ手が伸びてきて水をすくうという、この時点では存在価値の不明な（⑥で解明される。）表示内容の背後に、画面自体の形態を強く受け取ることになる。さらに、③⑤とは、言わば別個の時間空間であり、そのカット・バックによる対比によっても、②～⑤は映像の時間的空間的構成として強烈に浮かび上がってくる。（例えば、しゃべっている人物AとBを、またCと彼が見た物体Dをカット・バックしても、視線の介在によって、それらは、ひとまとまりの時間空間となるので、ショットを刻んだことも、映像の形態としても、さほど意識されない。）

　そして、①～⑥は、意味構造の上で連結され、代助が水を汲みに行っている間に、三千代が待ちきれず花を生けた鉢の水を飲んでしまう場景を、映像の時間的空間的構成の中で、②と④を伏線としてあざやかに描写しながら、その映像の形態自体の中に、病気である三千代の内に秘めたみずみずしい感性（代助との熱烈な恋愛を起こす源泉となる。）が息づいているのである。そこでは、登場人物の行動や心理、事件や情況など（表示内容）と、そういう客体化しては表すことの出来ぬ内面の姿とが同時に進行していく。言わば小説の魅力と詩の魅力とが、相互の養分となりながら絶妙の均衡を保っているのである。

映画における表示内容は、具象的な画面を通じて表示されるので、複雑な抽象観念や心理を表現するには限界があるとすれば、映像の形態自体の中に作者の精神の刻印が感得出来ないような作品は、所詮、深い芸術性とは無縁であろう。ヴィクトル・エリセ監督の「エル・スール」や「みつばちのささやき」は、形をなさぬ少女の内面のうつろいを、作品全体の画面構成の中に詩として定着させた、稀有の傑作であった。

だが、「エル・スール」や「みつばちのささやき」のように、写真・演劇・文学・音楽など多数のジャンルを、映像の次元に統合した時間的空間的構成の中に、表示内容の世界と詩の要素とが相補い均衡（きんこう）を保つように、一時間半を超える映画を創り出すとは、芸術家の天賦の想像力と、それを一個の統一ある作品に構成しようとするあくことのない努力とによって、初めて達成される難事業であって、多くの映画が、各ジャンルの寄せ集めともいうべき通俗的娯楽作品に過ぎないことも、また周知の事実である。

漱石の「それから」が、映画を生み出す直接の機縁となり、また、森田監督に様々なイマジネーションを与えたであろうことは想像に難くない。だが、小説と映画が異なった芸術形式を持つとは、両者が全く別個の作品であることを意味する。もちろん、漱石の小説がなければ、「それから」のシナリオを書くことは不可能であり、映画も存在しなかったことになる。しかし、この映画の芸術的価値に原作の果たした役割は、シナリオの次元に属するわずかな部分に過ぎない。そして、前記のように、小説のセリフや筋を生かそうとしたシナリオが、逆に映画の最大の弱点となっているのは、むしろ、当然の成り行きであろう。映画「それから」は、多数のスタッフとジャンルを映像の次元に統合し得た作品であり、それは、あくまで森田監督個人の内的創作行為なのである。この点で、森田監督は漱石に対し少しの負債もないのである。

注

（1）「スタッフ・インタビュー」（キネマ旬報一九八五年十月上旬号所収）

（2）前掲書

（3）伊藤康圓「文学と芸術」（文藝論叢第19号所収）一九八三年　文教大学女子短期大学部文芸科

「鶴は翔んでゆく」

ミハイル・カラトーゾフ監督（一九五七年）

1

「鶴は翔んでゆく」（一九五七年制作）は、スターリン死後のいわゆる〝雪どけ〟の季節を代表する映画であると言われている。戦場に赴（おもむ）いた婚約者（ボリス）がいる身でありながら、その、いとこ（マルク）と結婚するヒロイン（ヴェロニカ）の存在は、それまでのソヴィエト映画では、考えられなかったことであろう。だが、シナリオのレベルで見る限りは、国のために命を賭けるボリスは賞賛すべきであり、裏工作をして徴兵を逃れるマルクは軽蔑の対象に過ぎないという、人間を社会的有効性によって単純に二分した、ソヴィエト映画の図式から、依然として脱け出ていないように思える。それは、国家の制約をなおも示すものか、それとも作者が、戦時下に安穏な日々を過ごす人間の内面を推しはかるすべもない、素朴な人間観によっていたということか。しかし、この映画の中では、どちらでもよいのである。そのまばゆいばかりの映像の時間的空間的構成に接することで、そもそも、こうした不満は全く感じずに済むように出来上がっているからだ。ここで、ドラマの展開は安易だが随所に美しい画面が散りばめられているとか、技術面ではすぐれている、といった類(たぐい)の浅薄な論議をしているわけではない。ひとたび目にしたら最後、脳裏に焼きついて神経を麻痺させてしまう程の鮮烈な映像が、シナリオの段階ではリアリティのなかったドラマの世界に、輝きを与えているのである。画面の構成こそ、この映画の真の思想に他ならぬ。

そもそも、映画における芸術ジャンルとしての構造と形式とは、映像の時間的空間的構成をおいてほかにない。映像とは、写真のような静止した画像ではなく、その最小単位のショットが既に時間的空間的存在であり、それらが複合的立体的に集積して、映画における〝享受の対象としての形態〟である映像の時間的空間的構成を創り出す。したがって、作品全体のドラマの世界を有機的に創り上げていく為の積極的な映像の構成（ショットをつなぐ際の、また時には一ショットの内部での）が映像の時間的空間的構成形態として知覚されれば、写真・演劇・文学・音楽などが、映像という別個のジャンルに統合されたことを意味するのである。そして、その作品は、初めて監督個人の創作と言えるものとなる。それは、具体的には、ショットが変わると同時に時間・空間も変化したことを、観る者が意識する、あるいは、長いショットの場合は、カメラを移動（パンも含めて）して構図を変化させていくことで、ショット内の時間・空間の変化を観る者が意識する、ということに他ならない。映像の構成が形態として知覚されるということは、魅力ある映画となる為には、理念的にも実際上も不可欠なのである。さらに、その映像の形態自体に、作者の精神がにじみ出ているように感じられたなら、芸術の領域に属する映画であると言っても、さしつかえなかろう。それは、映像という、芸術としてのジャンルを確立し、観る者の精神の深部までを満たしてくれる作品であるからだ。

ルイ・マルが、「『鶴は翔んでゆく』のように、最初のショットから最後のショットまで、私を夢中にさせた映画は久しく見たことがない。(1)」と言っているように、この映画は、作品のドラマの世界が息もつかせず進行していく過程で、それを形成する映像の時間的空間的構成が、随所で形態として明瞭に知覚される。しかも、その形態自体の中に、作者の精神の刻印としか呼びようのないきらめきが、生々しく感得される。「最初のショットから最後のショットまで、私を夢中にさせた」所以であろう。また、パブロ・ピカソは、「私はこの一〇〇年間、これほどの作品を見たことがない！『鶴は翔んでゆく』の一つ一つのエピソードが才能に溢れ、独立した作品といっていい位だ。[2]」と述べているが、彼の言葉は、この映画が創られた五十年後の二〇〇七年であっても、おそらく通用するであろう。

「鶴は翔んでゆく」には、スターリニズムによって長らく押さえつけられてきた映画人たちの創作力（無意識の部分も含めて）が、担当各分野において一気に噴出した、という側面を忘れてはならない。そこには、巨大なエネルギーが感じられる。狂おしい魂の叫びとも言うべき方向も定かならぬ移動撮影。撮影監督のセルゲイ・ウルセフスキーなしには、この作品は絶対に不可能であった。また、エイゼンシュテインのモンタージュをトーキーに生かしたような、論理と哲学的飛躍とが同居したスリリングな編集。監督のミハイル・カラトーゾフと共に編集のM・ティモフェーエワの功績も少なくあるまい。そして、この作品の原作の戯曲「とわに生きるもの」の作者で脚色も担当したヴィクトル・ローゾフは、「私は意識的に多くの点で戯曲から離れ、シナリオに新しい状況設定、シーン、人物を持ち込むことにつとめた。」(3)と言っているが、これはシナリオ作者として正しい態度である。シナリオとは、戯曲のようにそれ自体が作品なのではなく、あくまで映画を創る為の設計図に過ぎない。したがって、シナリオも映像を構成する一要素であり、原作を脚色する際、種々の変更が必要になるのは当然である。つまり、この作品の一見凡庸なシナリオが映像化された時、その「一つ一つのエピソードが才能に溢れ」たものに変じたのであり、ローゾフの脚本も、結果として成功だったと言えるのである。そして、何より、それらの多数のジャンルを、映像の時間的空間的構成による一つのまとまりを持った作品として、映像の次元に統合し得たミハイル・カラトーゾフ監督こそ、最も賞賛されて然るべきであろう。

だが二十一世紀となった今日、カラトーゾフの名は完全に忘れられ、「鶴は翔んでゆく」という映画も、人々の意識にのぼることは稀である。たまたま、記憶に甦ったところで、映画の中のドラマの世界と映像とを別個に考え、映像は凝っているが話はつまらない通俗的作品、という程度の通念で片付けられてしまうのが落ちであろう。文学は紙に印刷されて後世に残るから、まだ良いが、映画は一度上映されてしまえば、人々の記憶の中にしか存在しない。最近は、ビデオ・DVD等の機器の発達で状況は変わりつつあるが、原理的には、映画とは、そういうものである。

そもそも、歴史は、常に、現代の人間が歴史を書くのに都合のいいものを大事にする。学問であるより、ジャーナリズム主導で形成される感の強い映画史の場合は、この傾向は一層顕著であり、作品の構成や完成度を問題にするより、映画を、社会現象や時代思潮を説明するための素材として、また、社会に何らかの影響を与えたメディアとして扱いがちである。「鶴は翔んでゆく」も、フルシチョフのスターリン批判を受けた〝雪どけ〟の時期の映画として、作品の出来栄え自体よりも、その「雪どけ」の度合い、つまり、社会主義体制下で真に自由な表現が可能になったかについて、議論をする材料に過ぎなかった。そして、ソ連が崩壊し、社会主義における芸術などという不毛な問題に、誰も関心を払わなくなると共に、皮肉なことに、「鶴は翔んでゆく」という素晴らしい作品まで、忘却の彼方に追いやられつつある。もし、すぐれた映画が、歴史の中から消えかけていたとしたら、その作品の魅力と価値を説き明かし、映画史の中に正当に位置づけるという作業は、およそ、映画を論ずる者の責務であろう。だが、それは、映画史家の眼と映画理論家の眼とをあわせて持たねばならぬ困難な作業になるであろう。そして、「鶴は翔んでゆく」程、この困難な作業を今必要としている映画は、他にないように思われる。

2

白夜のほの白む早朝、ヴェロニカとボリスが画面に姿を現し、カメラが心持ち視線を上げただけで、二人が河岸の道を走っていく様を捉えていく。この長いファースト・ショットは、人物とその影の動き、ほんのわずかなカメラの動き、そして川面に立つさざ波によって、すでに映像の時間的空間的構成を創り上げている。次のショットで、歩道を走る二人につけてパンすると、彼らは橋の下にやって来て、そして空を眺める。上空を三角形の隊列をなして翔んでゆく鶴の群れ。今度は、真上近くからの大ロング・ショットとなり、彼らの後方を散水車が近づいて来て、ヴェロニカとボリスは頭からシャワーを浴びる。

これは映画的なカメラ・アイであって、二人が自分たちの世界にひたりきっていた為に、散水車に気づかず水をかけられてしまう様が、あざやかに描写されているのである。ボリスは、びしょ濡れになったヴェロニカの髪の毛をしぼる。ここまでの数ショットで、そのみずみずしい映像の構成の中に、青春の喜びそのものが漲っている。だが、この幸福は冒頭の部分で終わり、（朝の）四時を知らせる時計台は斜めに傾き、すでに不吉な予感に彩られている。

この映画は、制作の翌年の一九五八年に「戦争と貞操」という愚劣な邦題で封切られたが、一九八五年のリバイバル時に、原題の「鶴は翔んでゆく」に戻して公開されたのである。題名とは、言わばアクセサリーのようなもので、作品の価値を直接左右することはない。題名が変わったからといって、作品が変わるわけではない。だが、この映画は、「鶴は翔んでゆく」でなければならぬ。それが、単に美しい題名であるだけでなく、作品の構造とも密接に結びついているからだ。

　タイトルが消えると、ヴェロニカのアパートの階段で、二人が名残(なごり)惜しげに別れる場面となる。突然の犬の鳴き声によって二人は寸断され、ヴェロニカは階段を急いで上がり一たんフレームから切れ、ボリスは階段の下の暗がりに隠れる。（カメラはボリスを追う。）しばらく間をおいて、ボリスが階段の下から出てきて上を見上げると、ヴェロニカがようやく上の階にたどり着き手を振る。極端に仰角(ぎょうかく)の構図となったところで、ボリスは階段を一気に駆け昇る。ボリスの心がヴェロニカを求めて宙に舞い上がっていくような、素晴らしい映像であるが、それは、絶妙な移動撮影の為だけではない。この場面は、初めに、カメラが上の階を見上げている誰もいない仰角の構図に、ヴェロニカが入ってきて、彼女の胸から上が画面を大きく占領するのだが、そこから構図を自在に変化させ、ボリスが階段を駆け昇って行く途中まで、約一分二十四秒の長廻しの撮影となっている。カットを切らない持続した時間空間の中で、二人の付きつ離れつする様が、息苦しい程濃密に捉えられていく。そして、二人の距離が物理的にも心理的にも最大となり限界をこえた時、ボリスは階段を駆け昇る。そういうふうに創られている。

長廻しの撮影を映画の中でうまく使うのは、非常に難しいもので、長廻しを多用した作品は、おうおうにして退屈になりがちである。かつて、ヌーベル・ヴァーグの映画理論において、モンタージュ否定ということが言われ、長廻しの撮影が推奨されたのであるが、長廻しは高級なものだという通念は、現代の映画監督や映画批評家からも、完全には払拭されていないように思われる。もちろん、ここで、長いショットが悪いと言っているのではない。大切なのは、ショットが長い場合でも、映像の構成が必要になる点では変わりはない、ということである。したがって、長廻しのショットを使って真にすぐれた映画を創るためには、カメラを動かし（パンやティルトも含めて）構図を効果的に変化させていくことと、前後のショットと複合的に結びついて有機的な映像の構成を創り出すことが必須である。だが、長廻しの撮影を多用すれば、撮影監督の作品に対して占める比重は、相対的に高くならざるを得ない。監督が、カメラマン主導で撮った長いショットを完全に自家薬籠中の物として、統一ある映画作品を創ることは物理的にも至難のわざとなる。「鶴は翔んでゆく」には、このショットの他にも、長廻しによる驚嘆すべき移動ショットが随所に見られる。

（本稿で取りあげる、ラストの、帰還兵を出迎えるシーンは、その一例に過ぎない。）それらを、登場人物の心の叫びや内面の表現として感じさせるだけの内的構造（映像の時間的空間的構成）が、この作品にあるということが、何より大事である。監督のミハイル・カラトーゾフが、ウルセフスキーによる、言わば神がかり的な長廻しの撮影を、自己の統一ある作品を創るための素材として、完全にコントロールして使っているように見える。この点でも、「鶴は翔んでゆく」は稀有な作品と言うべきであろう。

戦争が始まり、ボリスは志願して出征する。そして、両親を空襲で亡くしたヴェロニカは、ボリスの実家（ボロージン家）に引き取られる。ボロージン家には、ヴェロニカに想いを寄せる音楽家のマルクも同居していた。ピアノを弾く手、カメラが視線を上げるとマルクがピアノを弾いている。ヴェロニカが画面右手前に大きく、左手奥にピアノを弾くマルクも写っている。空襲警報のサイレンが鳴る。ヴェロニカが部屋を動こうとしないので、マルクはグランドピアノのふたを立てる。ピアノを激しく弾く手、カメラが視線を上げるとマルクがピアノを弾いている。ヴェロニカの斜めのビッグ・クロース・アップ、サイレンの音がけたたましく響いている。ピアノを弾くマルク、グランドピアノのふたにもマルクがさかさに写っている。つまり、サイレンが鳴り出してから、画面の構成も、より刺激が強くなっているのである。爆弾の音と共に明かりが消え、ヴェロニカは、とっさにマルクに駆け寄る。カーテンが爆風であおられ、閃光が二人を照らす。白昼夢のようでありながら、今現実に起こっているのだという実感を観る者に与える見事な描写である。マルクの斜めのビッグ・クロース・アップ、目の部分に光が当たっている。彼がヴェロニカに対して急にいだいた欲望が、あざやかに表現されている。このあと、ヴェロニカは激しく抵抗するのだから、彼女はマルクにレイプされたに等しいのであるが、全てが不可抗力に導かれたように描かれていないであろうか。空襲警報が出た時、避難するようマルクが懇願するのを、両親が死んだ直後で自暴自棄になっていたヴェロニカが拒絶したのであり、マルクが一方的に悪いというように創られてはいないのである。マルクは、あきらめて目を閉じたヴェロニカを抱きあげ、爆風でガラスの破片がくだけ散った床を歩いていく。画面、右から左へ進むマルクの足。泥沼を左から右に進む兵士たちの足。次のショットで、兵士たちの中にボリスもいる。ボリスが偵察に行くことになって、身分証明書と一緒にヴェロニカの写真も取り出す。

ヴェロニカのアップ。マルクとヴェロニカがボロージン家の一同に対している。マルクがヴェロニカと結婚する旨（むね）を皆に伝える。ヴェロニカのアップ。唇（くちびる）をかみ、無念の表情である。彼女はボリスにすまないという一念で、マルクとの結婚を断腸の想いで決断したのであろうか。ふたたび戦場の泥沼。ヴェロニカの悲劇とボリスの悲劇が、言わば対（つい）になって構成されることで、この作品の最初のクライマックスが訪（おとず）れる。偵察に出たボリスは、負傷した相棒を肩にかついで運んで行く。ようやく林の中にたどりつき、相棒を地面に下ろして立ち止まる。ボリスの半身、銃声と共に彼は顔をのけぞらす。のけぞったボリスの顔のアップ、下に倒れていく。ボリスの〝見た眼〟となった、雲間から見える太陽が遠ざかっていく。後ろに倒れていくボリス。絶叫する戦友。ボリス、木につかまりながら倒れていく。ボリスの見上げる白樺の木々が回転し始めると、そこに、冒頭と同じくヴェロニカを求めて階段を駆け昇る、ボリスの映像が重なる。彼は、そこでは、当然、軍服を着ていなければならず顔も汚れたままだが、この一瞬の幻影に、死にゆくボリスは永遠の幸福を見たであろうか。ともあれ、死の刹那の映像として、これ程の感銘を与える例は、映画史の中でも稀であろう。

佐藤忠男氏は、「俳優が演技する前にカメラが勝手に演技していると言ったらいいかもしれない。[4]」と、この場面をむしろ否定的に論じている。だが、この文章から「勝手に」という言葉を取り除けば、俳優を素材として扱い、「俳優が演技する前にカメラが演技する」とは、まさに、映画の理想の姿ではあるまいか。ジョルジュ・サドゥールは、この映画における「ボリスの死」について、「これは小説『戦争と平和』

におけるアンドレイ公爵の死の日に匹敵する。私がトルストイを見い出したのも偶然ではない。この映画は物語的というより内面的なのである。[5]」と絶賛している。むろん、映画と小説とは異なる芸術ジャンル・表現形式であり、各々の作品を比較することは本来出来ないのであるが、高名な映画史家にこのような連想を起こさせるだけの力が、形態として知覚される、この場面の時間的空間的構成には、あるということが大事なのである。

ボリスの父は、シベリアの野戦病院の院長となり、ヴェロニカも看護婦として働く。婚約者が別の男と結婚したのを知って暴れている負傷兵に、ボリスの父は「英雄を捨て銃後の男に乗り替える女なんて軽蔑すればいいんだ。」と檄を飛ばすが、ヴェロニカは、自分の事を言われたように感じ、いたたまれず病室から出ていく。

①急ぎ足で歩くヴェロニカを、仰角のカメラがアップに近いサイズで捉えていく。バックに、過ぎ去っていく木々の枝。②雪の道を歩くヴェロニカの足。走り始める。③走っていくヴェロニカの半身。柵（さく）が画面に入ってくると、柵ごしに彼女を写す。

そして、ショット①②③のそれぞれの要素が変形され増幅されて、ヴェロニカの自殺未遂（みすい）に至る、スリリングな映像の時間的空間的構成を創り上げていく。この作品の白眉（はくび）であり、最大のクライマックスと言ってよい。ショット⑨で、全速力で走るヴェロニカのアップを、ほぼ真下から写した画面を、木々の枝が、もの凄いスピードで現れては消えていく映像に、自殺願望とさえ呼べぬ、彼女の悲しみや苦しみそのものが刻み込まれているように見える。⑩陸橋を駆け昇るヴェロニカの足。

そして、これ以後のショット構成は、次の通りである。

⑪ ヴェロニカの斜めのビッグ・クロース・アップ。

⑫ 汽車が、やって来る。

⑬ ヴェロニカの斜めのビッグ・クロース・アップ、手で顔を被(おお)う。

⑭ 落下してゆくヴェロニカの、前に突き出した両手。

⑮ 汽車が通過していく。

⑯ ブレーキの音に、顔を被(おお)っていた手を離す、ヴェロニカの斜めのビッグ・クロース・アップ。

⑰ 小さな男の子がヨチヨチ歩いている直前で、車が急停車する。

⑱ 足でブレーキを踏む。

⑲ あわてて助けに行くヴェロニカ。

⑳ ブレーキをかけられて、すべりながら止まる車輪。

㉑　轢かれそうになった子供を、抱き上げるヴェロニカ。

ショット⑯は⑬の動作の続きであるから、⑭はヴェロニカの空想であり、彼女の脳裏を一瞬かすめた自殺のイメージということになろう。だが、そんな尋常な説明では片づけられぬ強烈なエネルギーが、⑬〜⑯の画面構成から吹き上げてくる。そこでは、ヴェロニカが生きるか死ぬか、まさに、生と死の壮絶なせめぎ合いが行われているのである。ショット⑰〜㉑は、明らかに時間の上で矛盾している。⑱は⑰の前でなければおかしいし、⑰と⑳は時間的にほぼ同時であり、車が急停車する様を別の視点から写したものと言えよう。だが、ここでショットを普通につないだのでは、車に轢かれそうになった子供をヴェロニカが抱き上げた、というだけのことになってしまう。時間上ではあり得ない⑱と⑳が挿入されることで異様な迫力を生み、⑯〜㉑は、半ば死に魅いられていたヴェロニカが、ブレーキの音によって我に帰り生還する過程として、観る者に深い感動を与えるのである。

以上の分析で明らかな通り、ショット①～㉑には、複雑にして明解な構成がみられる。それは、映像の時間的空間的構成形態として知覚されるのであるが、その中で、一つ一つの画面が音楽のように論理的に用いられている。この部分は、エイゼンシュテイン流のモンタージュをトーキーに生かした輝かしい成果としても、記憶されるべきであろう。そこには、生硬な観念性や不自然さはないが、決して通俗的ではなく表現が練り上げられている。今日、モンタージュという言葉は、エイゼンシュテインの理論や実作品と密着した、狭い意味で把握されているようである。辞書の記述にも「映画で、各ショットのつなぎ方で、単に足したもの以上の新しい意味を作り出す技法。」(「広辞苑」

岩波書店）とある。ここで大切なのは、モンタージュの定義ではない。映画で大事なのは、あくまで映像の構成であって、その方法の一つとして（極めて特殊だが）「足したもの以上の新しい意味を作り出す技法」があるということである。ショット⑪〜㉑は、この狭い意味でのモンタージュという概念に合致（がっち）するであろうが、①〜㉑が、さらに複合的で魅力ある映像の構成となっていることは言うまでもない。

ヴェロニカは、助けた子供を引き取りマルクと別れる。

戦争が終わり、兵士たちが凱旋してくる。ヴェロニカは、出迎えの大群集の中で、ボリスを捜し回る。カメラは、その姿を、かなり近い位置から、極力（きょくりょく）カットを切らずに追っていく。時間空間をこま切れにしない長廻しのショットの中から、ヴェロニカの期待と不安の入り混じった心の叫びが伝わってくる。そして、彼女はボリスの親友（ステファン）と出会い、ボリスの死を知らされる。絶望したヴェロニカが、喜びでわき立つ群集の中を進んでいく様を、カメラは長廻しで捉え続ける。機関車の上に立ち、演説するステファン。ヴェロニカのアップ、「親しい者を出迎えられなかった者に同情する。」というステファンの声が、オフで聞こえている。演説するステファン。作者は作品を終わらせねばならぬ。ヴェロニカのアップ。ここからが、音楽におけるコーダに相当するであろう。カメラが少し引いてくるとフレームに入ってきた見知らぬ老人に促（うなが）されて、ヴェロニカは帰還した兵士とその家族に、持っていた花を手渡していく。まるで空中に放り上げられたかのように、赤ん坊が画面を大きく占領する。老兵士が赤ん坊を顔のそばまで抱き下ろすと、ヴェロニカがいて、赤ん坊に花を持たせる。「モスクワの空に鶴が…」と赤ん坊に話しかけるその兵士の声に、ヴェロニカも空を見上げる。冒頭と同じ鶴の郡れが現れる。そして、観客の心に熱いものが込み上げてきたところで、空を見上げるヴェロニカのショットをはさんで、カメラは今一度鶴の群れを写し出す。ここで我々は、言わば駄目を押されるわけで、作品全体の構成を明確に把握することになる。そのことによって、ヴェロニカの悲しみが、純化され、くっきりと造形されるのである。

以上、「鶴は翔んでゆく」の画面構成を分析してきたわけだが、それは、この作品の映像の時間的空間的構成が、形態として明瞭に知覚されることによって、初めて可能であった事を申し添えて、本稿の結びとしたい。

注

（1）「鶴は翔んでゆく」パンフレット一九八五年

（2）注（1）と同じ

（3）注（1）と同じ

（4）「鶴は翔んでゆく」レーザーディスク解説

（5）注（1）と同じ

Ⅳ

「山猫」

ルキノ・ヴィスコンティ監督（一九六三年）

一九六三年に制作しカンヌ映画祭でグランプリを獲得した大作ですが、三時間を超えるノー・カット版が上映されるのは、今回[1]が初めてのことです。今観ると、カラーの色も、いかにも古色蒼然としているし、背景となっている十九世紀半ばのシチリアというのも大時代な感じで、まるで、「風と共に去りぬ」でも観ているような錯覚を覚える程です。ところが、これから、どんな波乱万丈のメロドラマが始まるかと思うと、この映画は、ガリバルディのイタリア統一という、社会が根底からくつがえろうとする時代を題材にしながら、登場人物どうしの葛藤はおろか、彼らの運命にも全く興味を示していません。これは、一般の映画の常識からすれば何とも不思議なことです。

ヴィスコンティ映画の大きな特色として、一九五四年作の「夏の嵐」あたりから、ヨーロッパの貴族社会を体現するような壮麗にして装飾過多な建物の内部——天井や壁画・数々の調度品といったものを、カメラが執拗になめ回していくような画面が目立ってきたのですが、それは、決して洗練された世界を表現しているわけではなく、むしろ、グロテスクというに近いものです。だが、長い伝統に培（つちか）われ、そう簡単に崩れることのない、ぶ厚い世界の表現であることには変りありません。

ヴィスコンティが、「山猫」で三時間以上かかって描いているのも、主人公の貴族を中心とした、長い伝統に支えられた生活様式と、その中に新時代を代表するような軍人や成り上がり者などの闖入する様が、いかに異様なものと映るか、ということに過ぎません。しかし、このように言葉で言ってしまっては身も蓋もないものを、壮大な絵巻物に仕上げたのが、ヴィスコンティたる所以で、ラストの五十分近くを費やして描かれる舞踏会の場面など、まさに圧巻です。気持ちの上では時代の変化を認めながら、新興階級の人間たちの礼儀をわきまえぬ無頼漢のような態度に、生理的に耐えられなくなっていく主人公の様を、えんえんと続く舞踏会の中で、カメラが刻々と捉えていき、その疲労感の中で、主人公が時代の移り変りと共に自身の老いを意識して、この堂々たる大作をしめくくる、という構成になっているからです。

「山猫」のような、正攻法で何のゆがみもない完璧な作品を創り上げてしまったあとでは、ヴィスコンティには、「地獄に堕ちた勇者ども」以後の、異常で恐ろしい世界に足を踏み入れるしか道は残されていなかったのではないか、と感じざるを得ないでしょう。

注

（1）一九八二年頃

「落葉」

オタール・イオセリアーニ監督（一九六六年）

ソ連には、一般のロシア人とは言語や文化などを異とする民族共和国が、存在しますが、[1] その一つのグルジア共和国で制作された映画です。

一九六六年の制作ということもあって、一見すると、この作品は古くさい映画に見えるかもしれません。人間の複雑な内面とか人間関係の不毛といったものを表現している映画を、見慣れた者にとっては、「落葉」の主人公の描き方が、何とも単純・素朴にして暢気（のんき）に写るからです。ワイン工場に就職した主人公のニコは、同じ工場のマリーナという若い女の、どんな無理難題にも、いとも簡単に従い、仲間の労働者たちに誘われれば、彼らと全く同じやり方で飲んだり騒いだりする。彼は、驚く程従順であり、そこには、何の感情も苦悩も存在しないように見えるかもしれません。

しかし、注意深く作品を観ていくと、証明写真を撮る時に体を動かして写真屋に何度も注意されるところなど、ニコが決して何事にも動じない無感動な人間ではないことを示しているし、彼がマリーナの部屋を訪れているシーンでは、何の説明もなしに、眺めている女二人のツー・ショット（二人の人間が同一画面に写っているショット）をいきなり画面に出し、まず沈黙と重圧を創り出しておき、特に画面手前の女友だちが笑いをかみ殺してうつむいていたあと、改めてニコの方をじっと覗きこむ、そのリアクションとして、もじもじしているニコがこの部屋に初めて登場するといった構成が、異性に対する憧れと困惑との入り交じった青年の心情の、見事な表現になっていることに気づく筈です。そして、観客にニコとマリーナの接近を期待させたところで、玉突きの横暴な音によって、映画は突然、寸断され、エピローグの数ショットを迎えることになるのですが、ここで、監督のオタール・イオセリアーニは、ちょっとした離れ業をやってのけます。マリーナが最も嫌っていた男とボートに乗って打ち興じているエピローグの一ショットは、我々の度肝を抜くに十分だからです。これは、マリーナがニコを捨てて、この男と親しくなったことを示すのではもちろんないので、ニコとマリーナの恋愛という、この作品における唯一のメロドラマ的要素を否定してしまって、あとには淡いアンニュイだけが全体を彩る、といった効果を持っているわけです。

この倦怠感は、青春につきものの、やりばのない、もやもやした心情の表出に他なりませんが、それを、大国ソ連の中におけるグルジア人という、少数民族の悲哀感が背後から支えていることは見逃せません。ここで想い返されるのが、昔のグルジア農民のワイン造りの様をスケッチしたプロローグで、ぶどう酒を入れる皮袋を持った老人とか、ぶどうを積んだ荷車を引く牛とか、実に、のんびりしたショットを重ねていきながら、出来上ったぶどう酒で農民たちが乾杯するという、言わば一年の頂点を迎える時には、高揚したクライマックスが自然と形作られているのですが、こうした過去に対する郷愁が、登場人物たちの内面に知らず知らずのうちに巣食っていて、それが、青春の倦怠感に、なお一層の深みと奥行を与えているのです。

このように、「落葉」は、決して牧歌的な小品というにとどまらず、明るさの中に倦怠感をただよわせ、最も普遍的な人生を表現した小宇宙なのです。

注

（1）映画封切（一九八二年）当時

（2）現ジョージア

「インドへの道」

デヴィッド・リーン監督（一九八四年）

雨傘の一行が通り過ぎると、ガラスケースの中に汽船の模型が姿を現すファースト・ショット（汽船でなければ、インドに行けなかった時代である。）以下、イギリス人の若い女性アデラが、インドに対して抱く恐れと憧れとの入り交ったイメージが、次第に現実のものとなる様が見事に描写されていくが、廃墟となった異教の神殿で見た猥らに抱擁する彫像が、彼女に強烈な印象を与えたところで、この作品の核心となるマラバー洞窟行きが決行されるのである。

アデラとインド人医師アジスとは、特に親密な間柄というわけでもなかった。従って、登り坂でアジスがアデラの手を引く様を、殊更(ことさら)アップにして強調するのが、唐突でもあり伏線ともなるのである。洞窟の前に一人立つアデラ。坐ってタバコを吸うアジス。だが、戻ってみるとアデラの姿はない。三つの洞窟がポッカリ口を開けているだけである。彼がアデラを呼ぶ声が反響しこだまする。洞窟の中でマッチをするアデラ、こだまの音が聞こえている。中から入口が見える。アデラ、マッチを消す。入口にアジスが見える。洞窟の中のアデラのアップ、涙で濡れている、こだまが聞こえる。崖を岩がころがる。血だらけのアデラが駆(か)け下りる。洞窟の中から飛び出してくるアジス。

アジスがアデラにとって性的欲望の対象に急変し、また、それにインドの異教の放つ肉感的なイメージが絡(から)みついていることは疑えない。だが、何が起こったのかは全く説明されていないのである。ともあれ、二人が洞窟の中で出会わなかったことだけは確かであろう。アデラによって体現された西欧が、インドの深奥に入り込むのを拒(こば)もうとする不合理な力が、こだまの音となって響いてくる、という構成であるからだ。そこに働いているのは、決して人為的な力ではないのである。

アジスが逮捕される。暴行の罪でアデラが訴えたからだという。裁判となる。証言するアデラの脳裏に、マラバー洞窟の断片が甦(よみがえ)る。洞窟の中でマッチを消すアデラ。入口のアジス。そして、法廷にいる彼女に、あのこだまの音が再び鳴り響く。この音は、インドから離れて後(のち)も、アデラの耳もとで鳴り続けなければならぬのか。

西洋と東洋との越えがたい精神的溝を、映画的手法により象徴的に構成した老監督の手腕に、脱帽せざるを得ないだろう。

「ノスタルジア」

アンドレイ・タルコフスキー監督（一九八三年）

題名となっているロシア語のノスタルジアとは、ロシア人が異国で必ず襲われる病にも似た望郷の念であるそうだが、水のせせらぎや犬の声に導かれ、突然の如く黒白の画面で姿を現すロシアは、様式的な構図のロング・ショットにもみるように、主人公の無意識の中で変容され増幅された、心のよりどころの象徴としての表現になっている。この作品は、文明から取り残され、それ故に、宗教的色彩の濃厚に感じられるイタリアの片田舎を、ロシア人の主人公がさ迷うだけの、ほとんど物語性のないエピソードの羅列といってよいが、長廻しの撮影を多用して、魂のよりどころを失った現代人の彷徨が伝わってくる。その中にあって、モノクロームの画面で示される故郷のイメージが、祈りのような効果を全篇に与えているのである。

更に、主人公の精神的不安を補足し増強する為に、ドメニコという村人が登場する。ドメニコは世の終末が来ると信じ、七年間家に閉じこもった狂人であると説明される。「ドメニコの関心というのは外側にあって主人公のアンドレイはノスタルジアによる内面の旅を続けている。」[1]（武満徹氏）この内面と外面との出会いによって、現代人の魂は救済されるのだろうか。それにしても、この映画は、何と豊かなイメージと詩的暗喩に満ちていることか。ドメニコは、ろうそくの火を消さずに広場の温泉を横断出来たなら、世界は救われるという。もうもうたる湯気の中に、かろうじて見ることの出来た水量豊かな温泉が、水を抜かれ醜い地膚をさらした、荒寥たるイメージに変質している様を、カメラが捉える。湯につかっている人々の脱ぎ捨ての脇に置いてあったビンの代わりに、引き上げられ硫黄のこびりついた空きビンがある。ドメニコのあばら屋で、激しい雨もりの水滴を受けていた空きビンが伏線となっているのか。救いの鍵は、ろうそくにあるらしい。教会の場面で、夥しい数の、ろうそくへの強迫観念を植え付けておいて、干上がった温泉を主人公がろうそくをともし横断する様を、カットを切らずに長廻しで撮ってしまう計算と、そこからくる緊張感、持続力、存在感。心臓発作で主人公がくずおれると、誰もいないと思っていた対岸には大勢の人だかりが。駆け付けて来る男が画面から切れると、先程写っていた掃除婦(そうじふ)が横からぬっと顔を出す気味悪さ。この凄いリアクションのあとに、カメラは温泉を無事横断し得た一本のろうそくを今一度静かに写し出す。奇蹟が起こる。故郷の小屋の前に犬と並んでしゃがみこんでいる主人公から、カメラが引いていくと、堂々たるイタリアの大聖堂がロシアを包みこむように出現する、ロシアの（？）雪が降りしきる様を据えっぱなしのカメラが捉え続け、冒頭に流れていたロシア民謡が再現される。それは、イタリアとロシア、この二つの異なる精神文化の融合であったのか、または、精神の内面と外面とを止揚するものであったのか。

「ノスタルジア」は、魂の救済という、言わば真摯な欧米知識人の一生に重くのしかかる呪われた抽象観念を、深々とした静けさの中に見事に形象化したタルコフスキー畢生の傑作である。

注

（1）「ノスタルジア」パンフレット　一九八四年

「ファニーとアレクサンデル」

イングマール・ベルイマン監督（一九八二年）

たゆたう水の流れ（各部分の冒頭にモチーフとして使われている。）からディゾルブすると豪壮な建物が現れる。ところが、これは、おもちゃの舞台であり、幕が開き主人公の少年（アレクサンデル）が姿を見せる仕掛けである。それは、主人公の（あるいは作者の）人生を芝居に見立てた態度を示すと共に、この作品が俳優一家の物語であることとも呼応する見事な導入と言えよう。少年がこの映画に登場する人物の名を呼びながら歩き回る様を捉えたカメラが、アレクサンデルから離れ、すばやいパンで室内をなめ回してしまうことにより、二十世紀初頭北欧富裕階級の立ち居ふるまい・調度品が、長い伝統に支えられた生活様式に他ならぬことを、一瞬のうちに定着させる。机の下にもぐりこみ無心の境地にいるアレクサンデル、ふと身を乗り出すとアップになる。石こう像の片腕が動く。アレクサンデルのアップ。床を引きずられていく大鎌の刃先、視線がずれ死神であることを明かす。部屋に入ってくる祖母、一旦通り過ぎるが、振り向いてアレクサンデルを呼ぶ。彼は机の下から現実の世界へとまい戻る。確固たる様式によって生き方を規制された人間は、また近代人であるが故に、自他の区別を求めて自己の内面と立ち向かう。北国の暗鬱な雲のたれこめる中、人々の心はいつしか幻想の闇をさ迷う。内面への凝視に魑魅魍魎（ちみもうりょう）が絡みついても不思議はあるまい。こうした中で、アレクサンデル少年が幻視や亡霊にさいなまれる過程を通して、自我と外界との壮絶な葛藤をくり広げていくのも、むしろ当然の成り行きであったろう。

また、その華麗な装飾にもかかわらず、簡潔なカメラ・ワークと編集は、以前のベルイマン作品と変わるところがない。わずか数分のプロローグで、この大作の内容とスタイルを凝縮しているのである。

「霧の波止場」

マルセル・カルネ監督（一九三八年）

一九三八年制作の「霧の波止場」には、社会や人生における未来を、予測することさえ不可能だった時代の、暗い心情とでもいったものが、背後に流れているように思われる。トラックのライトに照らし出され、夜霧の中に脱走兵（ジャン）が現れてから、全てが宿命の糸に操られ悲劇的結末に向かって行くのだが、たとえ運命の女神が気まぐれを起こして、ジャンと家出娘（ネリー）に違った役回りを与えたとしても、彼等を二重にも三重にも取り巻く不幸なめぐりあわせに、何ら変わるところはないであろう。二人の主人公の回りに、生に対する執着を持たぬニヒルな脇役達が取り巻いているのも、戦前のフランス映画ならではの魅力である。そして、こうした悲哀の影とアンニュイに彩られた背景が、更に輝かしいものとなるのは、当事二十九歳の青年監督であったマルセル・カルネの、オーソドックスにして映画的思考に貫（つらぬ）かれた映像を通してである。

タイトルの場面で伏線として出してあった船が巨大な姿を現し、カメラが錨をつけたロープに導かれるようにパンしていくと、対岸に思いもかけずジャンとネリーが寄り添っているのが見えてくる。そして、間髪を入れず二人の正面にカッティングし前進移動する。港に停泊した船（ジャンはこの船で高飛びしようとする。）が登場人物を引き裂く象徴として効果的に用いられる例は、「望郷」などにおいて、おなじみであるが、この作品における男女の運命的出会いは、既に破局の予感と表裏一体となっているのである。すると、濡れた石畳の上を車がやって来てフレームから切れる。この冷たい感触と一瞬の謎を受けて、ジャンとネリーが車の中から眺められたショットがくる。つまり、二人の運命は車の男に握られているというカメラ・アイとなる。だが、この男も、所詮は個人など踏みつぶしてしまう暗黒の力の前に翻弄されているに過ぎない。そういうふうに描かれている。

また、この映画はクロース・アップの使い方でも秀でている。近接した二人のツー・ショットで、ネリーが影になるように写したあと、彼女のクロース・アップが光の中に大きく浮かび上がる、その彫りの深い輪郭が彫刻のような印象を残す鮮烈な効果。ネリーの投げやりな態度とマッチした、ベレー帽とビニールのレインコート。この一世を風靡（ふうび）した言わばネリー・ルックも、カルネのひらめきに満ちたアップなしには、フランス風俗史の一ページを飾ることは、なかったに違いない。

「オールド・イナフ」

マリサ・シルバー監督（一九八四年）

胸がやっと膨らみかけたかという少女（ロニー）が、白っぽい壁にかかった鏡の中で、スカーフを操りながら、しなを作っている。その動作と表情が、鏡の中の閉ざされた映像空間の中で持続することにより、このファースト・ショットからは、清潔な色気と共に、少女の内面にたゆたう、あこがれ・いらだち、その他もろもろの情念が、息苦しいまでに伝わってくる。次に、階段を駆け降りるロニーをカメラが捉え、家のモダンな内装が見渡されると共に、白い空間の一部が抽象的に切り取られる、といった感じを与えたところで、彼女は、事も無げにカバンを落とす。退屈な日常に対する少女の心情を、あざやかに表出しているわけだが、手から離れる刹那のひらめきと不意打ちが、階下の床にカバンが落下するショットに引きつがれる編集の冴え、間髪を入れず大きな音が鳴り渡る鮮烈な印象。この音は、既に効果音の次元を超えて、映像を構成するに必須の要素となっている。そして、我々は、この白のイメージで統一された少女の内部世界の、住人となるのである。また、ファースト・ショットの長廻しが、後続するカメラの動きやスピーディなカッティングと複合的に結びついて、映像としての構成を創り出しているのだが、逆に言えば、このような必然性を持たぬ時、長廻しが舞台のコピーに堕するのは、いともたやすい。

「オールド・イナフ」は、十一歳のロニーが近所の年上の少女（カレン）と知り合いになった一夏の出来事を描いている。そして、二人の家庭環境の違いによる思考から生活様式に至るギャップが、ドラマを創り出している、ことは事実である。スーパーに万引きに連れ出すのも、教会で告解を勧めるのも、カレンであってその逆ではない。つまり、階層の差が厳然と存在していることが、描写を通俗的にしないのである。だが、この映画の傑出した点は、そういう確かな生活様式に立脚しながら、異種の世界あるいは大人の世界を垣間見るロニーの内面の姿が、画面構成の中に閃光の如くきらめいていることにある。万引きしようとするロニーが陳列ケースをこわごわ触っていると、そこへ他の客がぬっと手を突き出す。また、化粧品の前でもじもじしている画面には、店員の尻が入ってきてロニーにぶつかる。この手とか尻とかいった闖入物は、単に万引きを妨害する外的偶然ではなく、感受性豊かな少女が人生において一度は遭遇しなければならぬ内的必然であろう。そして、外に出ようとする二人の後ろ姿が、肩から下の範囲でしか写っていないため、前方に立ちふさがるガードマンが彼らの視界には入らなかった、というカメラ・アイとなる。だが、これらが、うまく盗み出せるかというサスペンスであるよりも、ロニーの眼前に広がる人生の未知の世界を象徴するミステリーに他ならぬということが、余程大切なように思われる。

「夏の嵐」

ルキノ・ヴィスコンティ監督（一九五四年）

「夏の嵐」の冒頭は、劇中のオペラの情景である。観客で溢れんばかりの絢爛(けんらん)豪華な客席を、カメラが左上にまた右上になめ回していくと、とてつも無く高い装飾過多な天井に行き着く。天井桟敷からイタリア国旗を模した三色のビラがまかれる。それは、十九世紀半ばヴェネチアの占領軍撤退を迫る政治的アジテーションであるが、建物の内部を夥しいビラが降りしきる、美の氾濫とでもいったショットの積み重ねから、長い時間が築きあげた堅固な世界と、そこからくる生の充溢とが、ビラのレジスタンス的な内容などに一向頓着することなく、伝わって来るのである。

女が一瞬画面をよぎると同時に、伯爵が奥から姿を現しビラのまかれたことを憤慨する、彼が手前に消えると再び女がフレームに入ってきて階下を見下ろす。ヒロインの伯爵夫人（リヴィア）の登場に際し、ヴィスコンティは、カメラを固定したまま、人物の出し入れの妙だけで、その立ち居ふるまい・調度品から、すれ違うだけの夫との関係、彼女の身に降りかかろうとしている悲劇の予感までを印象づける。それは、舞台における人物の出し入れと異なり、スクリーンの中で取捨選択され切り取られた空間であり、また、人物が動くことでショット内の構図とサイズも事実上は変化する。つまり、一（ワン）ショットにおける空間の中で、映像としての時間的空間的構成を既に創り出しているのである。更に、カメラの動き、鏡やカーテンなどの小道具、照明の効果などが加わることで増幅されるのだが、こうした、劇的葛藤を示すと共に、ヨーロッパのぶ厚い様式そのものを体現したような空間的演出こそ、スタイルのみならず内容までを決定する、言わばヴィスコンティ映画の根幹をなしている、と言っても過言ではない。

一階の客席では、リヴィアの従兄がオーストリア軍中尉（フランツ）に決闘を挑(いど)んでいる。ボックス席に呼び出されたフランツの歩みと共にカメラが移動し、まず鏡の中のリヴィアを捉え、そこへフランツが入ってくる格好となる。鏡によって二人の運命的出会いが暗示されているわけだが、様式で充溢した濃密な空間が、まごうことのない悲劇の典型を支える枠となっていることも、決して忘れるべきではないように思われる。

「山の焚火」

フレディ・M・ムーラー監督（一九八五年）

人間が本来各自の内に秘めている生命力を、社会生活の中で燃焼させることが困難になってから久しいが、スイス映画「山の焚火」は、限りなく動物に近づくことによって、人間が自然の内なる生命と合体する瞬間を見事に表現している。岸田秀氏は、（近親相姦の）「タブーは人間が自我というものをもったことと関係がある」(1)と述べているが、個人が自我の奴隷となる以前の、自然の創造に参加しうる生命の根源としての性を描く為に、この映画では、作者が近親相姦を必要としたものと思われる。電子音楽を使った音響や、虫メガネを通した歪んだ画像などにより、耳の聞こえない弟の内部に潜む獣的な衝動が暗示されているのも、その為であろう。

姉は、山で働いている弟に食糧を届ける。食べながら身ぶり手ぶりで話す二人、それは、大自然と交信をかわしているようにも見える。うずくまる姉、手前に焚火が燃えている。焚火のアップ。火は自然から神秘を呼び出すのであろうか。神秘によって人は本能に目覚めるのであろうか。だが、それを仮に種族保存の本能と呼ぶとしても、性の目的は生殖にあるといった現代流にたかをくくった考えとは、およそ無縁のものであったろう。この現代人の傲慢のうちには、自然界の出来事は全て人間が合理的に理解しうるという、科学への過信がある。ここで近親相姦を犯す姉弟は、ほとんど無心であるが、根底には未知の自然に対する畏怖の念があったに相違ない。明けそめる山肌、自然の生成のイメージこそ、この映画のモチーフに他ならない。姉は起き上がって、すばやく衣服を身に付ける。そこには罪悪感や羞恥心などみじんもない。外敵から身を守る動物の敏捷さがあるだけだ。果たして、それは呪うべき関係であるか。何故そこに至福の時を見てはならないか。

フレディ・M・ムーラー監督の「山の焚火」は、人間の手垢にまみれた自然という言葉の、深く根源的な意味を教えてくれる貴重な作品である。

注

（1）岸田秀「近親相姦のタブーの起源」（「出がらし　ものぐさ精神分析」所収）青土社　一九七〇年

「ハリーとトント」

ポール・マザースキー監督（一九七四年）

主人公の老人（ハリー）がアパートを立ち退かされる場面は、住み慣れた所から追い出される一人暮らしの老人の悲劇であるより、むしろユーモラスに描かれている程だが、その目まぐるしい描写には、現代アメリカの猥雑に膨張した都市（ニューヨーク）の姿と、そこに生活する人々の断片と化した行為が、見事に集約されている。だが、長男の家に向かう、ハリーを乗せた車窓をかすめていく街路の木々の映像には、過ぎ去った老人のかげがえのない人生が刻み込まれている、という感銘を与えずにはおかない。

この作品には、現代アメリカの風俗にとどまらず、おそらく西部開拓以来続いている、底抜けの楽天主義、放浪性、独立自尊の生き方といったものが、強く反映しているように思われる。長男の家では気を使ってくれるが、プライバシーを何より大切と考えるハリーには、そこは自分のいるべき場所ではないのである。そして、年老いた猫（トント）を伴い、シカゴにいる娘やロサンゼルスに住む次男を訪ねることになるのだが、彼はその道中を楽しんでいるかのように道草に余念がなく、なかなか目的地には着かない。だが、トントとの珍道中において、老人がヒッピーのように振る舞うところが、いかにも様になっているのである。

ハリーはヒッチハイクの少女（ジンジャー）と話しているうちに、五十年も前に別れた恋人（ジェシー）に会いに行こうという気になる。

二人を乗せた車が並木道を走ってくるが、車の曲がるのにつけてパンしていくと、古びた建物が突如として眼前に現れる。まるで、ヒッチコックの映画でも見ているように、何かが起こりそうだという胸さわぎを募らせるのである。老人ホームでもめったに客の来ないというジェシーは、驚きもせずハリーをむかえるが、彼のことを覚えているのかどうか、はっきりしない。ハリーはためらうが、ジェシーに促されて踊り始める。二人を捉えていたカメラは、ハリーだけ次にジェシーだけに視線を向ける。すると、（同じショットで）ジェシーは彼から離れ一人で憑かれたように踊り続け、彼女が常軌を逸しているのを示すが、流れるようなカメラ・ワークも相俟って、その姿の何と軽やかに見えることとか。そして、ロング・ショットとなり、さらにカメラが引いていくと、二人を見ているジンジャーの後ろ姿もフレームに入ってくる。これは映画的なカメラ・アイである。第三者（ジンジャー）の視線の介在によって、身寄りもなく少し頭のおかしくなった老女の存在を、白日のもとに晒すことになるからである。だが、彼女が滑稽であわれであればある程、華やかな過去を持ち自分を燃焼させた素晴らしい人生が現にそこにある、ということを印象づける。この場面の最後を、踊っているジェシーのスカートのすり切れた裾と素足（彼女が靴を履いていなかったことを観る者に明かす。）でしめくくるのも、深い感銘を与えるが、ここで我々は、ジェシーを悲惨な境遇にいる不幸な身の上とは、決して感じていないのである。

ハリーは、子供たちのもとを後にするが、突然のようにトントが死んでしまう。ある日、トントにそっくりな猫を見かける。無心に後を追うハリーの半身。猫の姿が大きく写り、オフでハリーの呼ぶ声が聞こえる。猫を抱き上げるハリー。離すと猫は行ってしまい、フレームから切れる。老人はそれを追わず、砂浜で遊んでいる子供に近づく。もはや、彼はトントに執着はない。それは、孤独や死を怖れぬ、ということであるか。無論、彼は知らない。だが、夕日が海に沈みかけている黄昏のラスト・ショットは、孤独を通り越した後に初めて現れる澄み切った明るさを、具現したものであるように思われる。

「世界中がアイ・ラヴ・ユー」

ウディ・アレン監督（一九九六年）

「世界中がアイ・ラヴ・ユー」は、ウディ・アレン初のミュージカルということで話題を集めたが、私は少し不思議な気がした。というのも、この映画は、従来のミュージカルという概念からは程遠い、言わばミュージカルのパロディとでもいった作品であるからだ。登場人物の男（女）が相手役の女（男）に歌いかけても、相手が、それに歌い返すということが、ほとんどない。例えば、映画の語り手となっている女の子（ジューナ）に、出会ったばかりの若い男がタクシーの中で愛を（歌で）ささやいても、ジューナは、嬉しそうに笑っているだけで、歌で応ずるのは何とターバンを巻いた運転手であり、吹き出さずにはいられない。人生のおかしさ、悲しさを、誇張して描いていく手腕は、これまでのアレン作品でみられた通りだが、この映画において、歌や踊りがなかったら不可能な形で、人生を戯画化していく装置を才人アレンが発明した、といった感がある。結婚間近のジューナの姉（スカイラー）は、豪華なレストランで、フィアンセがムードを盛り上げようとしてデザートの上にのせた（彼女に送る）婚約指輪を、本物のチェリーと間違えて食べてしまう。この珍騒動に続いて、スカイラーのおなかの中に指輪の写っているレントゲン写真のショットが挿入される。カメラが移動していくと、医者が現れ病院であることがわかる。そして、看護婦や患者たちが、結婚生活をシニカルに、ユーモラスに歌いあげ踊りまくる一大ショーとなる。この場面も、俳優の動きだけでなく、二つの廊下を巧みに使ったカメラ・ワークによって、躍動感（やくどうかん）あふれる映像空間を創り出している。映像の構成によって作品が構築されている点でも、舞台の映画化と大差ない多くのミュージカル映画とは、本質的な違いがある。その意味でも、この作品の白眉は、女に振られてばかりいる中年男（ジョー）が別れた妻（ステフィ）とクリスマスイヴのセーヌ河畔で踊るクライマックスであろう。今は幸福な結婚生活を送っている筈のステフィが、彼女には一見、似つかわしくない失恋の歌（映画の中でモチーフとして、ジョーを初め何人もの人物によって歌われている。）を歌いながらジョーから離れて行くのをカメラが追う。バックのセーヌ川には対岸の明かりが揺（ゆ）らめいているのだが、川面（かわも）を滑（すべ）っていく光の流れの中に、二人の過ぎ去った人生そのものが刻み込まれているような印象を与える。人生とは幸福も不幸も混然一体となったものである、という感銘を与えずにはおかない。そして、カメラが先に、一テンポ遅れてステフィが、ジョーのもとに戻る。二人が踊り出さずにはいられない、この絶妙なタイミングによって、ステフィがジョーの腕から宙に舞い上がる夢のようなダンス・シーンが、さらに真実なものとなる。

「世界中がアイ・ラヴ・ユー」は、サーヴィス精神の旺盛な娯楽作品であるが、戯画が成功している上に、四季を場面転換の要所に織り込んだ構成も見事で、ウディ・アレン監督の映画の中でも、最もすぐれた作品の一つと言えるであろう。

著者プロフィール

富山　悠一（とみやま　ゆういち）
本名　富山　雄一（とみやま　ゆういち）
1954 年　東京に生まれる。
日本大学　芸術学部　映画学科卒業。
公共図書館に勤務。
映画研究家・理論家。

画面分析による映画芸術論

2023 年 11 月 14 日　　　　　初版発行

著者
富山　悠一

発行・発売
株式会社 三省堂書店／創英社
〒101-0051　東京都千代田区神田神保町1－1
Tel：03-3291-2295　Fax：03-3292-7687
印刷・製本　株式会社 平河工業社

ISBN978-4-87923-192-5　C3074